Sur les chemins des petits villages de France

フランスの小さな村を旅してみよう

木蓮（写真＆文）

かもめの本棚

プロローグ

私がフランスの小さな村を訪ねるようになったのは、当時大好きだったアンティークを蒐集するために、週末ごとに開かれる蚤の市を巡り始めたのがきっかけです。やがて、その地にまつわる伝説や中世の建物に興味を持ち、どうしてこんな伝説が残っているのか話を聞いて回ったり、村のおじいちゃんに「せっかくここまで来たのだから」と、半ば強引にアペリティフ（食前酒）に誘われたりと、笑い合いながら地元の方々と交流を重ねていきました。そうやって巡った村の数はもはや自分でも数えられないほど。

村巡りを始めたころは情報に乏しく、「フランスの最も美しい村（※）」などのウェブサイトを参考にプランを立てていましたが、ディナーを食べるため立ち寄ったレストランで野菜の素朴なおいしさに感動したり、ドライブの途中で偶然目にした、石壁につたうクレマチスの迫力に息をのんだり……と、偶然の出会いこそが、旅の楽しみ方だと思うようになったのです。

そんな小さな旅を繰り返している最中、買い物の際にたまたま手にした雑誌で見つけた一枚の写真。それが「真っ赤な石造りの家に寄り添って咲く藤の花」でした。この写真にひと目ぼれしてしまった私は、まだまだフランスで車を運転するのがおぼつかない状態。心配する夫を尻目に、その景色を見たい一心で訪れた村が、今や「フランスの最も美しい村」としても有名になったコロンジュ・ラ・ルージュ（Collonges-la-Rouge／本文31ページ参照）だったのです。

たった一枚の写真でも、人の心を動かすことができる。

そんな世界に魅せられ、いつしか自分が心に感じ取ったなんとも表現しがたい感情を映し出したいと無我夢中に……。皆さんからびっくりされるような安いカメラ1台と、一度も写真を習ったことがない頼りない腕。それでも、ファインダーをのぞくとそこに見えるのは自分だけの世界。私ならではの目線で撮る写真と同じように、有名無名にかかわらず、自分の心に響いた村や町の物語を心の目で描いてみたいと思うようになりました。

石畳が続く急勾配の道を何度ものぼったり下ったりしながら見つけた撮影スポット、思いがけない場所で出会った小動物や花たち。素晴らしい美術館ではなく、人々が暮らす小さな路地に描かれた名もなき絵に心打たれ、時間を忘れ魅入ってしまったりと、予想外の出来事もいっぱい！

道に迷って困ったときには、たまたま出会ったおばあちゃんに駅まで送ってもらったり、立ち寄ったパティスリーでは、その地方で食べられるお菓子の由来を教えてもらったり、オフィス・ド・ツーリズムのマダムと「どこに行ったら、村の全景がいちばん美しく見えるか」と悩んでみたり……。

パリやマルセイユなどの大きな都市とは違い、ときには村の中に1軒もお店がなかったことや、たった1軒だけあるパン屋さんが閉まっていたことなど、フランスならではのハプニングはいくらでも話せるほど！

本書は、これまで私が訪ねた多くの村の中から、特に心に残る55の小さな村を写真とともに紹介する一冊です。掲載する村を選ぶにあたって、コルス地方を含むフランス全土を網羅することも心がけました。小さな村を訪れる際のアドバイスも記載していますので、旅の参考にしていただけるとうれしいです。

*

偶然見つけた一枚の写真から、「ここどこだろう？」と夢中になったあのころの気持ちを大切に、行く先々で見つけたお菓子や地元を愛する職人さんたちの工芸品を皆さんにご紹介し続けたい……。

私にとって「旅」はもはや人生の一部でもあります。

現在ではウェブサイトを探せば、フランスの小さな村や町の情報が簡単に手に入る時代。そんな中、手に取ってくださったこの本が、あなたの「旅心」を刺激し、旅に出るきっかけになったなら、こんなに幸せなことはありません。

さぁ！「フランスの小さな村」は、いったいどんなところか……。
小さな物語を読むように、ワクワクしながらページをめくっていただけますように。

※フランスの最も美しい村（Les Plus Beaux Villages de France）＝小さな村の歴史的価値の向上や活性化などを目的に1982年に発足。2020年6月現在、協会が設けた厳しい条件をクリアした159村が認定されている。

フランス13の地方

※地図上の地方名（フランス語表記）は、2016年にフランスで行われた行政区画再編後の正式名称です。
本書では該当する地域を表す際に正式名称ではなく、慣用的な名称も用いています。

Sommaire

目次

イラスト／あべまりえ

アングル・シュル・ラングラン
Angles-sur-l'Anglin

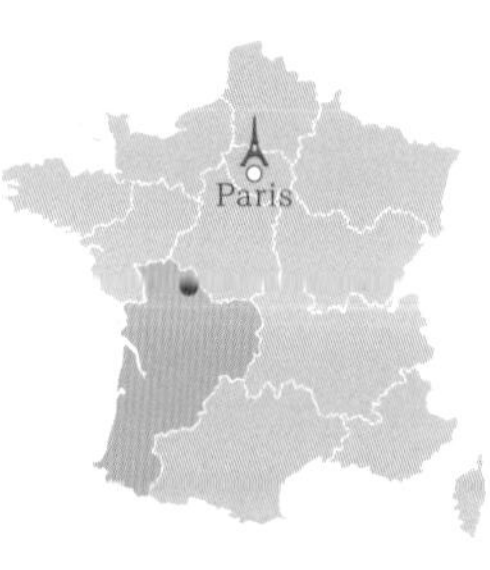

ParisからAngles-sur-l'Anglinへの行き方

Montparnasse駅からTGVでPoitiers駅まで約1時間30分(1日に1本だけ直通のTGVあり)。地域圏急行TERに乗り換えChâtellerault駅まで約30分。そこからタクシーで約32km。乗換時間などを考慮して合計約2時間45分。

魔法をかけられ時が止まったような村

どちらが空でどちらが川なのか……？

どうにも心もとない小さな桟橋を渡り、川の中に浮かぶ中洲へ足を進めると、驚いたように飛び立つ鳥の羽音が聞こえてきました。アングラン川の深い青に魅入られたのか、木々が重なり合うように生い茂り、魚がときおり飛び跳ねます。

どう見ても、自然の中では私が侵入者。小鳥たちを驚かさないように静かに写真を撮っていると、数羽の鴨が滑るように青い川面を泳ぎながらこちらにやってきました。彼らに誘われるまま、アングラン川に架かる大きな橋のたもとにゆっくり目を向けると、そこには小さな古い粉ひき小屋が。空を見上げれば、今にも崩れそうな城が顔をのぞかせました。

まるで魔法をかけられ、時が止まってしまったかのような錯覚に陥る物語の中の村。そんな印象を受けるのが、ここアングル・シュル・ラングランです。ヌーヴェル・アキテーヌ地方の最北、ヴィエンヌ県にある「フランスの最も美しい村」の一つで、車がないと訪れるのが難しいことから、たどり着いた感激はひとしお。

「少し歩くけれど、ほんとに眺めがよくて私のおすすめなの。絶対行ってみて！」

オフィス・ド・ツーリズムのマダムが教えてくれたとっておきの場所は予想以上に美しく、

つい長居してしまいました。
アングラン川を挟んで上下に村が分かれているため、まずは下の村へ。ポン通りにある小さなアンティークショップをのぞき、かつて修道院があったサント・クロワ礼拝堂の辺りを歩いていると、季節外れの暑さにすっかり喉が渇いてしまいました。
川岸に見つけた小さなカフェに入ると、村の男たちがおしゃべりに夢中。フランスの田舎にあるカフェやバーは、不思議なくらい男性同士のお客さんが多いのですが、みんな顔なじみのようで楽しそう。

心地よい風に吹かれながら、静かに冷たいレモネードを飲みほすと元気が出てきたので、上の村にあるすでに廃城となったアングル・シュル・ラングラン城の要塞を目指すことにしました。この要塞は川から約40メートル以上の高台にあり、ポワティエの司教によって11世紀に建立されたものです。12世紀、15世紀と改修されながら現在に至り、今もなお中世祭がこちらで行われています。

19世紀半ばにこの村で生まれたジュール刺繍や、村のすぐ近くにある「魔女の岩」と呼ばれる石灰質の洞窟も見どころ。1万5000年前に彫られた旧石器時代末期マドレーヌ文化の洞窟壁画が約20メートルの長さにわたって残されています（現在はレプリカのみ見ることが可能です）。

まだあまり人に知られていない村を訪れたい方に、こっそり教えたい村です。

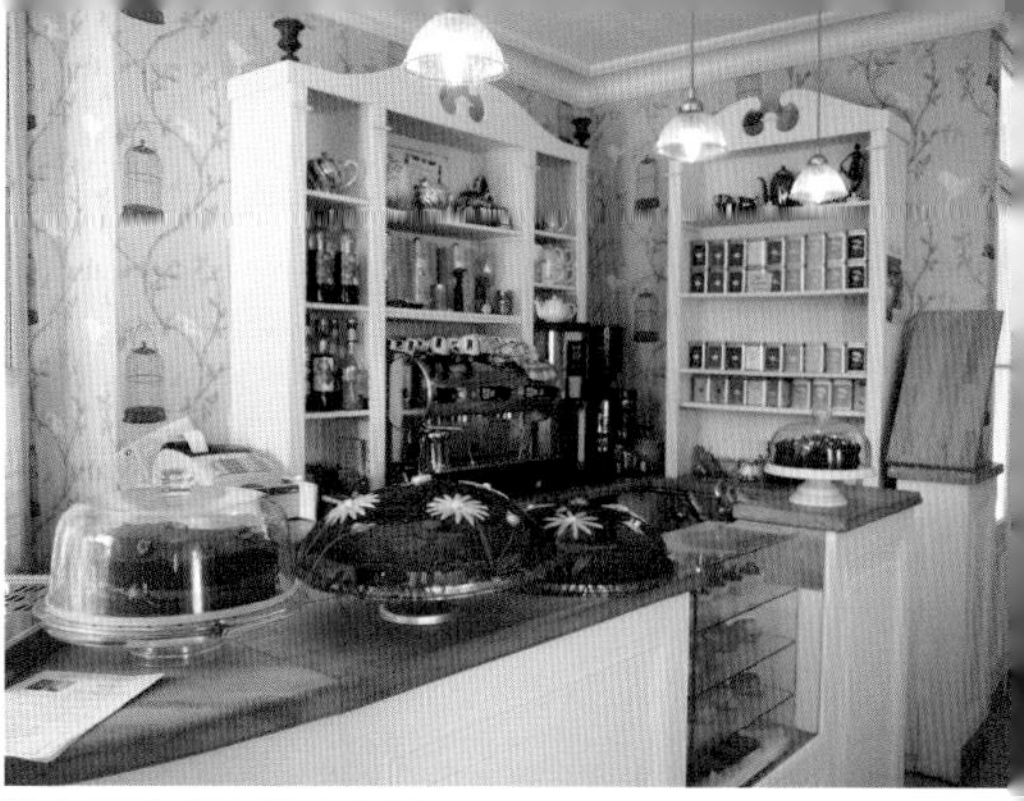
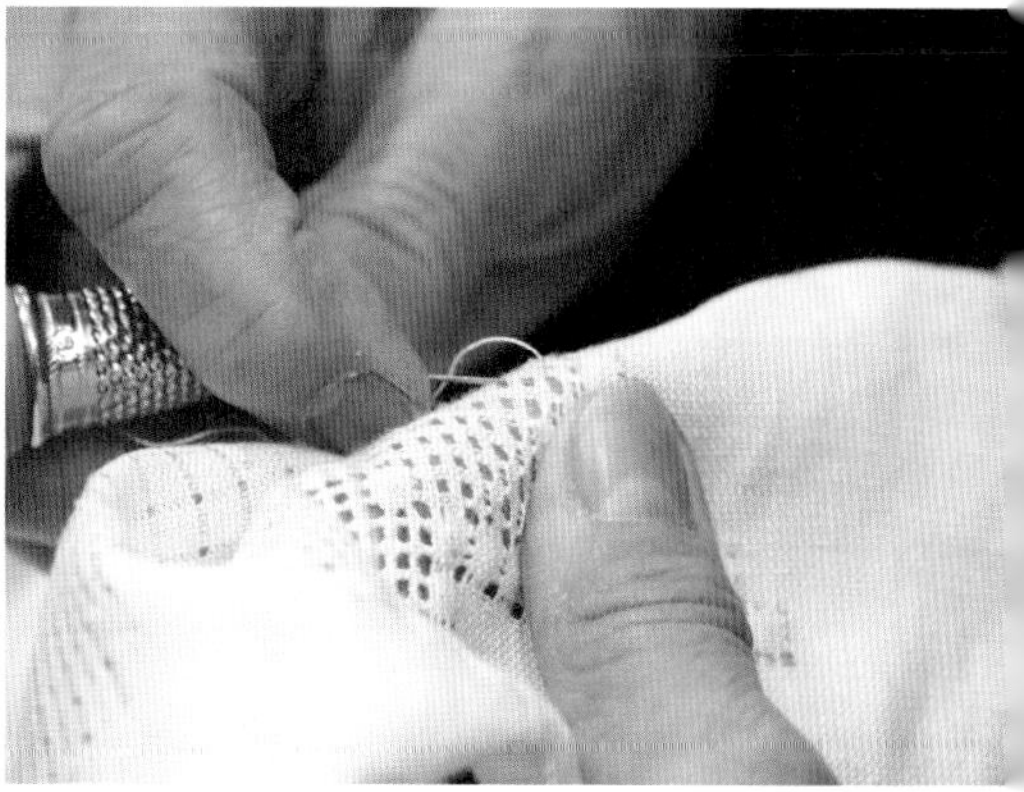

アイノア
Ainhoa

ParisからAinhoaへの行き方

Montparnasse駅からTGVでSaint-Jean-de-Luz-Ciboure駅まで約4時間30分、Halte Routière（バス乗り場）から47番線のバスでFrontonまで約45分。乗換時間などを考慮して合計約6時間。

小さな小さな国境そばの村

「本当に小さな村だから30分ね！」

この日、初めてバスク地方を訪れた私に向かって、タクシー運転手のおじさんが笑いながら言いました。

「たった30分で回れるの？」

「この道をどーんと真っすぐ歩いて端まで行ったら、戻ってくるだけさ」

フランスとスペインの両国にまたがるバスク地方は、リゾート感覚で楽しめる華やかな「海バスク」と、キリスト教の聖地サンティアゴ・デ・コンポステーラへの巡礼路で、のんびりとした牧歌的な山間の小さな村が多い「山バスク」があり、最近ではよく雑誌やテレビで紹介され、日本の方にも人気があります。

「食のバスク」。その独特な文化から生まれた料理やお菓子は数多く、干し鱈を使ったピルピル、バイヨンヌの生ハムを使ったピペラード、微炭酸ワインのチャコリやバスク特産のシードル（リンゴ酒）、私の大好きなオッソ・イラティー（羊のフロマージュ）、チョコレートにガトーバスクなどなど、書いていてきりがないほどです。

アイノアはフランスバスク、スペインバスクの文化が行き交うピレネー山脈山間の村。村で

Bière Heineken
Heineken
Bière Heineken
BAR
CAFÉ EZKURRA
CAFE EZK

いちばん有名なミシュラン1つ星をとったレストラン「ITHURRIA」から村の中心に向かって歩いていくと、教会の前に何やら大きな壁がある広場が見えてきます。こちらは、バスク地方の村に行けばどこでも見られる伝統球技バスク・ペロタに欠かせないフロントン（競技場）。ペロタとはスペイン語で「丸いもの」を意味する言葉。羊毛を巻いて皮で覆った、野球のボールより少し小さめの球を壁に当てながら、スカッシュのように競うスポーツです。

フロントンの裏手には、1996年に歴史的建造物に指定された聖母被昇天教会があります。この教会を訪れる際には、覚えておいてほしい秘密があります。教会に足を踏み入れたら、左側の壁にある壊れそうな機械に1ユーロを入れてみましょう。光が落ちて真っ暗になると、静かにパイプオルガンの美しい調べが流れ始め、ゆっくりとブルーの光が差し込み始めます。光が満ちあふれたとき、教会の全容が見えることでしょう。知らないとつい見逃してしまうスポットですが必見です。

教会の外に出たら、バスク地方独特の丸い円盤状のお墓を見るのも忘れずに。もともとこの地方は、キリスト教が伝わるまでは太陽崇拝をしていたため、東を向いているのはその名残だとか。

村の外れからスペイン国境まで歩いて約20分のアイノア。

村のホテルで1泊した翌朝、多くの巡礼者が通った道を歩いて村の外へ出てみると……。朝霧に包まれた美しい姿を見せ、静かな感動を味わわせてくれました。

サン・テミリオン
Saint-Émilion

ParisからSaint-Émilionへの行き方

Montparnasse駅からTGVでBordeaux-Saint-Jean駅まで約3時間10分。地域圏急行TERに乗り換えSaint-Émilion駅まで約40分。乗換時間などを考慮して合計約3時間。

朝焼けに染まる黄金のブドウ畑

子どもたちがまだ小さかったころ、いつもバカンスに訪れていた大西洋。そのため、ボルドーから約45キロメートルの場所にあるサン・テミリオンに行くのは決まって夏のころ。その後も何度か春に訪れましたが、いつかブドウの紅葉が見たい！　と願い続け、ようやく叶ったのです。フランスの夜明けは11月ともなると朝８時ごろ。あの美しいブドウ畑が朝日で染まる瞬間を見たくて、前日に下調べのため周辺を散策。すると、「Château La Gaffelière」（ワイナリー）の辺りで真っ赤に紅葉するツタと出会い、うれしい予感がしました。

翌朝、ブドウ畑の端で朝日が昇るのを待っていると霧に包まれ始め、今日はダメかなとがっかりしていると……。突然、雲の隙間からゆっくりと光が差し込み、あっという間に黄金色の世界へと誘われました。朝露に濡れたブドウの葉がキラキラと輝き、刻一刻と色を変えていく美しい朝焼けは、生涯忘れることはないでしょう。

村の名はこの地に隠遁した聖エミリオンに由来しますが、一枚岩をくり抜いて造ったモノリス教会そばにある彼の庵は、自然の洞窟をラテン十字の形に広げたものです。女性が座って願うと、子どもを授かると信じられている「瞑想の椅子」があり、今でも多くの方が祈りを捧げます。その左側には洗礼盤があり、こちらの湧き水でエミリオンが盲目の女性を治した話がありますす（見学は要予約）。古代ローマ帝国によって植えられたブドウから始まったこの地のワインは、巡礼の途中に立ち寄った旅人たちの間で評判になり、今も人々を惹きつけています。

TAPON
Nicole Saint-Emilion
h stoire naturelle de vin

LE CELLIER DE ST. EMILI
COGNAC
ARMAGNAC
CHAMPAGNE
CONSEIL
VENTE
WE SHIP ALL OVER THE WORLD

タルモン・シュル・ジロンド
Talmont-sur-Gironde

ParisからTalmont-sur-Girondeへの行き方

Montparnasse駅からTGVでAngoulême駅まで約2時間10分。地域圏急行TERに乗り換えRoyan駅まで約1時間50分。そこから23番か25番のバスで約30分。乗換時間などを考慮して合計約6時間10分。

海岸線を彩る漁師小屋

ボルドーから北上すること約１００キロメートル。道中、西を向けば牡蠣の養殖場、東を向けばブランデーで有名なコニャック村があるため予想外に広いブドウ畑が続きます。村に向かうため左に曲がると、不思議な海の色が見えてきました。タルモン・シュル・ジロンドはジロンド川河口に面した湿地帯にあり、到着した時刻はちょうど干潮の時間帯。そのため海水が引いていたのです。

穏やかな海に見えるこの場所ですが、実は１９９９年12月27日、28日にこの地方を襲った暴

風雨により、海沿いの小さな漁師小屋が破壊され甚大な被害がありました。しかし、翌年から材料や色などを忠実に再建し始め、現在の美しい姿に……。独特な漁師小屋の姿は村の宝物でもあります。チョウザメ漁が盛んで、ジロンド産キャビアの始まりともなりました。１９４４年４月17日に、３００キログラムのチョウザメを捕獲したことがこの村の誇り。しかし、乱獲により漁獲高が激減し、82年にチョウザメ漁は禁止に……。

村の教会であるサント・ラドゴンド教会は、かつてフランスの巡礼路の一部でした。フランスとイギリスの戦いの場であり、重要な要塞であった城壁の一部は、対岸の真っ白なカイヨー崖からも眺めることができます。面白いのが、軍事的観点から道を碁盤の目状に整備したこと。直角に交差させた通りは吹きつける風の通り道を作るためで、意図的に建物を低くしています。訪れた日もちょうど風の強い日。村の名物であるタチアオイが風に揺れていました。

赤く輝き続ける
美しい村の原点

コロンジュ・ラ・ルージュ
Collonges-la-Rouge

　初めてこの村を訪れたのは、まだ私がフランスに住んで間もないころ。ドライブ途中、突然森の中から鹿が飛び出しドキドキしましたが、視線の先にその名前どおり、真っ赤に燃えるような美しい村が見えてきて再び興奮。名物のブドウのマスタードを買い、サン・ピエール教会のタンパンを眺め、小さなカフェでのひととき……。民家には花があふれ、郊外には「悪魔の椅子」と呼ばれる岩があり、そこに座るとさらに50年の命を授かるとか。コロンジュ・ラ・ルージュは小さな村巡りの醍醐味を心ゆくまで味わえる「フランスの最も美しい村」発祥の地です。

ParisからCollonges-la-Rougeへの行き方

Paris-Orly空港からBrive Vallée de la Dordogne空港まで約1時間15分。空港からタクシーでBrive-la-Gaillarde駅へ行き、8番のバスでPlace Tassigny(Brive-la-Gaillarde)まで約10分。さらにLR4のバスに乗り換えCollonges-la-Rouge(Le Bourg)まで約30分。乗換時間などを考慮して合計約4時間10分。

中世の面影を残す
バスティード

モンパジエ
Monpazier

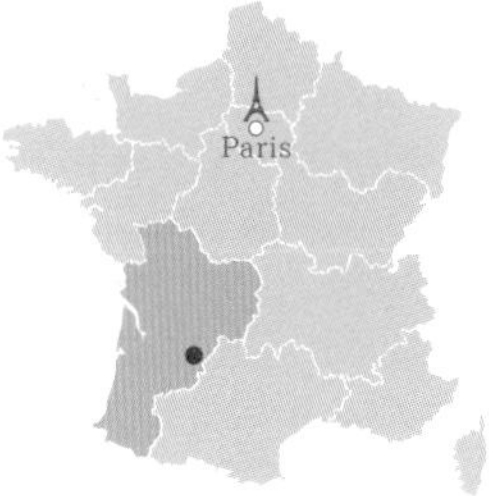

ParisからMonpazierへの行き方

Montparnasse駅からTGVでBordeaux Saint-Jean駅まで約2時間10分。地域圏急行TERに乗り換えLe Buisson駅まで約1時間50分。そこからタクシーで約23km。乗換時間などを考慮して合計約5時間30分。

フランス南西部には300を超えるバスティードが存在しますが、そのモデルプランといわれるモンパジエ。1284年、イングランドのエドワード1世の命により創立されて以来、百年戦争を乗り越えほぼ無傷のまま残っています。バスティードとは、中世の時代、この辺りに築かれた新都市のことを指します。中央のコルニエール広場の周りには13世紀から17世紀にかけて築かれた開放的な柱廊のある23軒の家屋が並び、18世紀に造られたアーケードの下にはおしゃれなカフェやアーティストのお店、洋服屋さんなどがあり、散策を楽しめます。

潮風に誘われ
大西洋の小さな島へ

ラ・フロット
La Flotte

ラ・ロシェル（La Rochelle）から全長2.9キロメートルの美しいイル・ド・レ橋を渡り、レ島に入ると一気にリゾート地の香りが漂います。かつて漁村だったラ・フロットは青い大西洋に浮かぶ島の魅力だけでなく、路地にあふれんばかりに咲く花々に包まれた活気に満ちた港町。塩とワインを輸出するために造られた港には漁船やヨットが停泊し、その周りにビストロやカフェが並びます。1804年に建てられた村を象徴する市場は、木製の傾斜した屋根で覆われ一見の価値あり。潮風に誘われ、ふと訪れてみたい場所です。

ParisからLa Flotteへの行き方

Montparnasse駅からTGVでLa Rochelle Ville駅まで約2時間50分。3番のバスに乗り換えViergeまで約1時間。乗換時間などを考慮して合計約4時間20分。

コルド・シュル・シエル
Cordes-sur-Ciel

ParisからCordes-sur-Cielへの行き方
Montparnasse駅からTGVでToulouse-Matabiau駅まで約4時間30分。地域圏急行TERに乗り換えCordes-Vindrac駅まで約1時間。そこから707番線のバスでCordes La Bouteillerieまで約10分。乗換時間などを考慮して合計約7時間30分。

霧の中の空飛ぶコルド

「もしも、あなたがこの村の名前の由来を知りたいなら、秋に訪れるといいわよ」
「天空のコルド」と美しい名前に訳されるオクシタニー地方タルヌ県にあるコルド・シュル・シエル。それでも、あえて私は「空飛ぶコルド」と訳したくなります。

この村にロマンティックな名前を与えたのは、自然現象である美しい雲海。ほかの季節でも運がいいと見ることができますが、秋になると深い霧がセルー渓谷を透き通ったベールで覆い尽くします。朝日が昇り始めると、雲海から静かに中世都市の頂だけが照らし出され、その姿はまさしく空を飛んでいるようなのです。この自然からの贈り物は、幾世紀を超え旅人たちに感動を与え続けてきました。

村の中心にあたる旧市街は８００年以上前からこの丘に存在し、過ぎし日の村の繁栄を私たちに伝え続けています。１２２２年、アルビジョワ十字軍との戦いにより荒廃した村をトゥールーズ伯レーモン７世が再建し、その後は皮革産業やパステル染料によって都市の黄金時代（１２８０年〜１３５０年）を築き上げました。「ゴシック建築の宝」といわれるメイン通りにあたるレーモン７世大通りには、貴族や裕福な商人たちが富や権力の証として競うように建てたゴシック様式の家が連なります。

Les (z) Emaux
Artisan d'art

l'Eveil des bastides
ATELIER
CUIR
ARTISAN

村の名前である「コルド」自体、レーモン7世が当時ヨーロッパで一大皮革産業の町として栄えたスペインのコルドバから名づけたという言い伝えがあるほど、一時期は隆盛を極めましたが、17世紀末にミディ運河が建設されるとそれまでの貿易ルートが一変し、衰退を招きます。しかし、この美しい村の姿に惹かれるように、1950年ごろから多くの芸術家や職人たちがインスピレーションを求めて集まり、今でも多くのアーティストたちが住んでいる、不思議な魅力を放つ村です。

散歩をしていると、何やら青い丸いボールが壁についている場所を見つけました。こちらは、パステルの専門店。お店は閉まっていましたが、たまたま店主を見つけ無理をお願いして中を見せていただくことになりました。パステルとは、アブラナ科の二年草であるホソバタイセイのこと。トゥールーズ、アルビ、カルカソンヌに挟まれた三角地帯であるこの地域は、かつて「桃源郷（ペイ・ド・コカーニュ）」と呼ばれ、パステルの一大産地として発展しました。ルネサンス時代に「黄金の青」として莫大な富を生み出し、貴族や画家たちに愛されたパステルブルー。淡いブルーから深いブルーまでさまざまな色が創り出されます。

私はこのなんともいえないパステルブルーにひと目ぼれ。美しいストールを購入してしまいました。さあ、このストールをまとって「黄金の青」の旅に再び出かけましょう！

du terroir

MA THERA
Le PASTEL
HUILE
TEINTURE
VÉGÉTALE

コリウール
Collioure

ParisからCollioureへの行き方

Paris-Orly空港からPerpignan-Rivesaltes空港まで約1時間20分。そこから6番線のバスでPerpignan駅まで約25分。地域圏急行TERに乗り換えCollioure駅まで約20分。駅から歩いて5分ほどで中心部。乗換時間などを考慮して合計約5時間30分。
※ほかにPARIS Gare de Lyon駅からPerpignan駅までTGVで行く方法もあります(合計で約6時間30分)。

マティスが愛したアンチョビの港町

スペイン国境から約20キロメートル。交通の便がよく、地中海に面した穏やかな気候のコリウールは、昔からアンチョビ漁で栄えた港町。6月には「FÊTE DE L'ANCHOIS（アンチョビ祭）」が開かれています。ちょうどピレネー・オリアンタル県の美しい村を訪ねてみようと考えたときに目に留まったのが、鮮やかなオレンジの屋根と青い海のコントラストが美しいノートルダム・デ・ザンジュ教会。実際に見た美しさは今でも思い出すほどです。

この場所にあった最初の教会はもともと灯台の役目を担っていたそうですが、17世紀に活躍したフランスの軍人で、要塞攻略および要塞築城の名手であったセバスティアン・ル・プレストル・ド・ヴォーバンによって破壊されてしまい、17世紀後半、同じ場所に3方を海に囲まれた鐘楼を持つ現在の南仏ゴシックスタイルの教会が再建されました。教会の先を奥まで歩いていくと、入り江の突端に非常に小さなサン・ヴィンセント礼拝堂があり、ここから村を見おろすのがおすすめです。海岸沿いにはアトリエや可愛い雑貨屋さん、カフェなどが軒を連ね、教会の裏手にある曲がりくねった道の周りにも、カラフルな建物やさまざまなお店があります。

また、コリウールといえば、フォーヴィスム（野獣派）のリーダー的存在だった画家アンリ・マティスが愛した村。画家仲間のアンドレ・ドランと訪れたこの場所で、多くの作品を残しています。彼らの足跡をたどりたい方は、ぜひ「フォーヴィスムの道」を歩いてみてください。マティスとドランが滞在中に描いた作品の複製画を、景色とともに楽しむことができます。

André Derain

Henri Matisse
Huile sur Toile
Collection Privée

エゲーズ
Aiguèze

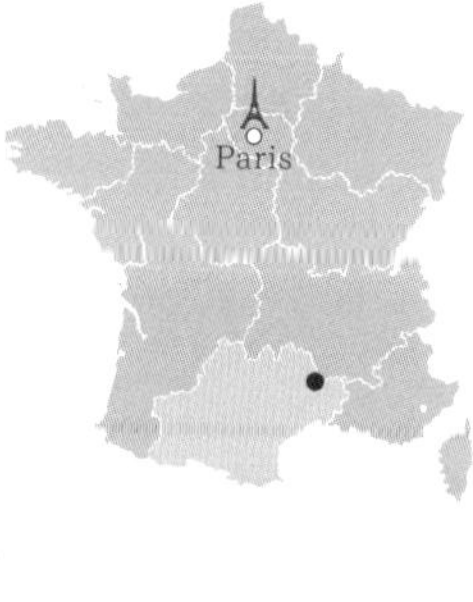

ParisからAiguèzeへの行き方

PARIS Gare de Lyon駅からTGVでMontèlimar駅まで約3時間。地域圏急行TERに乗り換えBollène la Croisière駅まで約20分。そこからタクシーで約16km。乗換時間などを考慮して合計約4時間20分。

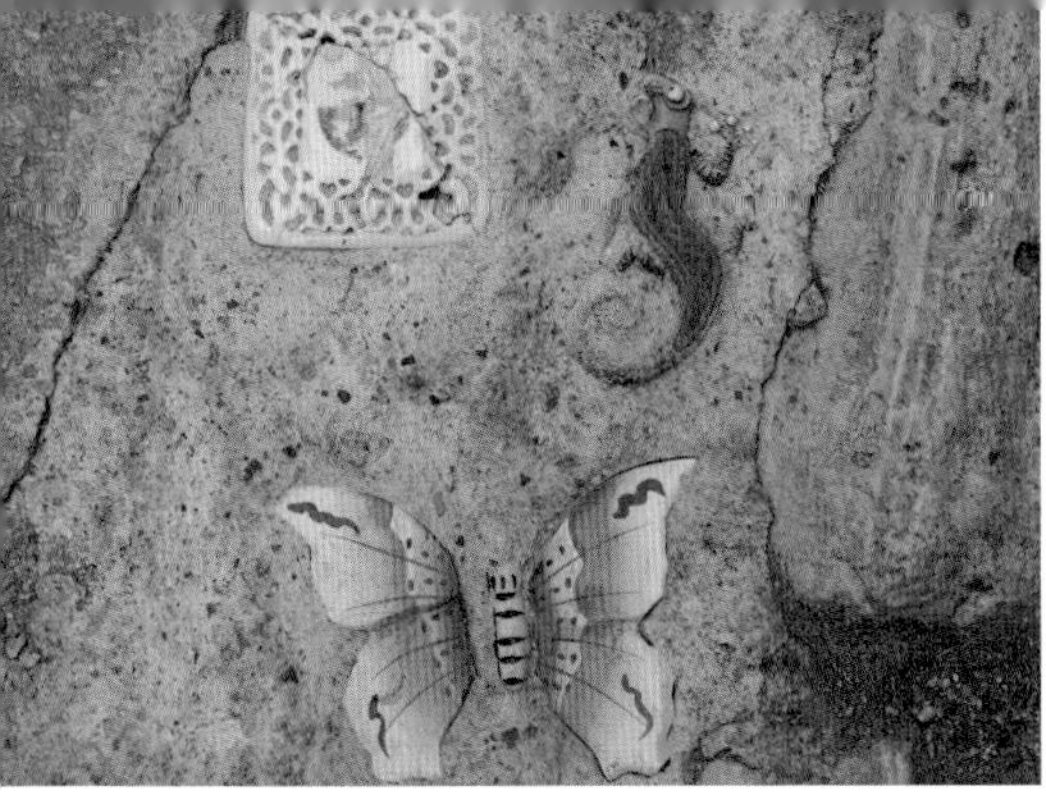

乾いた石造りの家を巡る散歩道

ワインで有名なコート・デュ・ローヌのブドウ畑の中心にあり、アルデシュ峡谷を見おろす崖の上にあるエゲーズ。オクシタニー地方でありながら3つの県（ガール、アルデシュ、ヴォクリューズ）に隣接し、どこかプロヴァンスの香りがする乾いた石造りの小さな村です。

村の中に入るとプラタナスの木陰が美しい広場「Jeu de Paume（ジュー・ドゥ・ポーム）」があり、ペタンクを楽しむ人たちの姿が。その横は、11世紀からの歴史を有し、何度も改修されている美しいサン・ロック教会で、入り口にはたわわに実ったオリーブの木がありました。

可愛い雑貨屋さんを見ながら路地を抜け、小さなトンネルをくぐると、今度は真っ青なアルデシュ川に広がる崖に張りついた中世の村の姿を堪能することができます。この遊歩道（カストゥラ通り）はおすすめの散歩道。

エゲーズを訪れた日はとにかく暑く、喉が渇ききったため、白いキョウチクトウの花を楽しみながら村の中に戻り、ひと息つくことに。窓から見える店の外には、アーティストが路地に埋め込んだ作品があり、旅行者たちは珍しく下を向いて歩いていたのが印象的でした。小さな村に恋をし、移住してくるアーティストたちは多いそうです。

「オーッ‼」。ちょうど村を1周して戻ってきたところで、広場から歓声が聞こえてきました。どうやらゲームに決着がついたのでしょう。長い夏の夜を楽しむ村人たちの声を聞きながら、この村を後にしました。

かつての曳舟道に
思いを寄せて

サン・シル・ラポピー
Saint-Cirq-Lapopie

「フランスの最も美しい村」といえば筆頭に挙がるサン・シル・ラポピー。初めて訪れると、突如目の前に現れる断崖絶壁に張りついた村の姿に圧倒されるはずです。ぜひ訪れたいのが、かつてボルドーまでの輸送手段だったロット川沿いにある「Chemin de Halage（曳舟道）」。石灰岩の崖の下に造られた道には約300メートルにわたって、この土地をオマージュしたモチーフが、トゥールーズの彫刻家ダニエル・モニエの手によって刻まれています。名物のアップルパイとおいしいブドウチョコも私のおすすめです。

ParisからSaint-Cirq-Lapopieへの行き方

Paris-Charles-de-Gaulle空港からToulouse-Blagnac空港まで約1時間20分。空港シャトルに乗り換えToulouse-Matabiau駅まで約20分。さらに地域圏急行TERに乗り換えChaors駅まで約1時間30分。889番のバスでTour-de-Faure Mairie（Saint-Cirq-Lapopie）まで約45分。乗換時間などを考慮して合計約6時間。

柔らかな色に彩られた静かな里

ベルカステル
Belcastel

新緑薫るころ、萌黄《もえぎ》色の木々に誘われベルカステルを訪れると、蛇行するアヴェロン川に沿って、かすみがかった村の全景が浮かび上がります。建築家フェルナン・ピュイヨンによって再び息を吹き返したこの村を訪ねるのなら、石畳の坂道をゆっくりのぼり、パン焼き窯や小さな鍛冶小屋を眺め、頂上にそびえる城に向かってください。かつて川によって往来を分断された住民のために村の領主アルズィアス・ドゥ・ソーナックが15世紀に建設した美しい橋は、この村のシンボル。その先にあるサン・マドレーヌ教会に眠る彼は、今ごろどんな夢を見ているのでしょうか？

ParisからBelcastelへの行き方
Paris-Orly空港からRodez-Marcillac空港まで約1時間15分。タクシーに乗り換え約23.6km。乗換時間などを考慮して合計約3時間。

ヴォーバンの砦がそびえる城塞都市

ヴィルフランシュ・ド・コンフラン
Villefranche-de-Conflent

スペイン国境近くピレネー山脈の入り口にある城壁に囲まれた村、ヴィルフランシュ・ド・コンフラン。石造りの堅固なイメージとは裏腹に、村の中には奇妙でユニークなアイアンの看板がいっぱい！　背後にそびえるヴォーバン防衛施設群の一つである世界遺産・リベリア砦は必見です。私はジープで上までのぼったのですが、帰りは734段の階段（1000段ともいわれています）を下って足がへとへとに。全長63キロメートルの登山列車「トラン・ジョーヌ」に乗り、ヨーロッパでいちばん高い場所（1600メートル）から景色を眺めるのもおすすめです。

ParisからVillefranche-de-Conflentへの行き方

Paris-Orly空港からPerpignan-Rivesaltes空港まで約1時間20分。6番バスに乗り換えPerpignan駅まで約30分。さらにPerpignan Gare Routièreから560番線のバスでVillefranche-de-Conflentまで約55分。乗換時間などを考慮して合計約5時間。

ルールマラン
Lourmarin

ParisからLourmarinへの行き方

Paris-Charles-de-Gaulle空港からMarseille-Provence空港まで約1時間20分。8番のバスに乗り換えAix-en-Provence駅まで約30分。そこから歩いて5分のところにあるGare routière d'Aix-en-Provence（バス乗り場）まで行き、9番のバスでLourmarinまで約1時間15分（バスの本数が少ないので要注意）。乗換時間などを考慮して合計約3時間45分。

RESTAURANT
Le Bouchon
04 90 68 17 29
06 82 01 53 07
Salle Climatisée
50m
Le Club
Restaurant
Crêpes,
Jardin,
Mini-golf...
Apéro side
Resto side

Galerie
Didier Brousse

Petit Violet
PRINCE de BRETAGNE
Défendons le goût du frais
ARTICHAUTS
VIOLETS
CAT: I
CAL:
FRANCE
5€50
le kilo

夢がぎゅっと詰まった女の子の隠れ家

「プロヴァンスに行くのなら、どの村がいいですか?」と聞かれたら、迷わずお答えするのがこのルールマラン。「鷲の巣村」として有名なゴルドや、ピンクに染まるオークルの村ルシヨンも素晴らしいのですが、なんといっても村の中の見どころが多く、雑貨屋さんやカフェ、レストランがたくさんあるルールマランはとにかく女性に大人気。小さな村ではありますが、一日のんびりと滞在するのにも向いています。

エクサンプロヴァンスから約40キロメートルの場所にあり、私が住むオーヴェルニュ以外でいちばん訪れた村といってもいいかもしれません。そのため、10年前の写真と見比べると「あっ！ この家の扉の色。塗り替えたんだ！」と気づくことも。春から夏にかけて多くの花が咲き、いくつもある路地裏を歩いていると、おしゃれなブティックや陶器のお店を発見！1軒ずつ見ていくとあっという間に時間が過ぎてしまいます。

一年を通し毎週金曜に開かれるマルシェでは地元で採れた野菜や工芸品が並び、プロヴァンスの味を堪能できます。私は毎年、ドライトマトやタプナード（オリーブのペースト）を買って帰りますが、下の娘がとにかくこのタプナードが大好きなのです。

ちなみに、ルールマランがあるリュベロン地方は、あまり知られていませんがトリュフの産地の一つ。フランスは世界のトリュフの3分の2を生産していますが、その80パーセントはプロヴァンス産です。

　マルシェを楽しみながらプラタナスの下を歩いていくと、村の中心地から少し離れた場所にルネサンス様式の傑作といわれるルールマラン城が見えてきました。１９７３年に歴史的建造物に認定されたこの城の螺旋階段は必見。もともと12世紀に造られた要塞でしたが、15世紀になって改築されています。春になると「Grande Fête Renaissance（ルネサンス祭）」が行われ、多くの観光客でにぎわいます。

　南仏を舞台にした小説家アンリ・ボスコやノーベル文学賞作家であるアルベール・カミュが晩年を過ごした村としても有名で、彼らは村外れにある墓地で眠っています。

ロクブリュヌ・カップ・マルタン
Roquebrune-Cap-Martin

ParisからRoquebrune-Cap-Martinへの行き方

Paris-Charles-de-Gaulle空港からCôte d'Azur空港まで約1時間30分。そこからトラム、バス、電車などでNice Ville駅まで約15分～30分。地域圏急行TERに乗り換えCarnolès駅まで約35分。そこから21番のバスに乗りLe Lavoirまで約35分。乗換時間などを考慮して合計約3時間30分。※この方法が旧市街にいちばん近くて便利です。

コバルトブルーの絶景

「どうして、こんなこと思いついたんだろう？」マントンの駅で突如思い立ち、気がつけば切符を握りしめていた私。モナコとマントンに挟まれたマルタン岬を見おろすようにそびえる美しい小さな町ロクブリュヌ・カップ・マルタンは、バスでアクセスするほうが断然おすすめです。それなのに、ちょっと面白い写真が撮れないかな？　と、駅から頂上にそびえるお城を目指し、歩き始めたまではよかったのですが……。あまりに急な坂、多い階段に途中で泣き言が出始めました。

すれ違ったのはたった1組の観光客の方たちだけ。「あとどれくらいかかりますか？」と尋ねたら、「いや〜、まだまだ若いのだから頑張れ！　最高だから絶対行かなきゃ後悔する！」と、残り時間は教えてもらえません。ついさっきまではあんなに晴れていたはずなのに、気がつくとモナコ方面は真っ暗で雨が降っている様子が見えました。

坂道にある家にはさまざまな名前がついていて、厳しい坂道をのぼった先にある家の名は「Le REPOS（休息）」。それを見た瞬間、思いっきり力が抜けました。やっとの思いで町の入り口らしき場所にたどり着くと、今度はまるで迷路のような細い路地。迷いながらも、ところどころにあるトンネルからのぞく景色を何度も振り返りながら散策しました。

RESTAURANT
au
grand inquisiteur
04 93 35 05 37
CHAMPERARD

ここに来たら必ず立ち寄りたいロクブリュヌ・カップ・マルタン城は、コンラッド1世によって970年に建設されたものです。そのころ、陸と海の両方でこの地に脅威をもたらしたサラセン人たちの攻撃から町を守るため全体を要塞化しました。その後、15世紀にグリマルディ家によってさらに砦の軍事力が強められたため、この城はグリマルディ城とも呼ばれます。現在は廃城ですが、この城からの見晴らしは素晴らしく、町のシンボルでもあるサント・マルグリット教会がひときわ高く見えます。

目線を先にやれば、この地で眠る建築家ル・コルビュジエがとりわけ愛し、海水浴を楽しんだ海岸線が空と海の青さに溶けていきます。彼の足跡をたどりたければ、駅のすぐそばにある「Cap Moderno」の事務所を訪れてみてください。コルビュジエの最期が海水浴中だったことは有名ですが、晴れた日にこの海岸線を歩くとコバルトブルーの海の美しさに感動します。

町外れにある「千年オリーブ」も力強い大地のエネルギーを感じ圧巻。「Place des Deux Frères（二人の兄弟広場）」からの景色も美しく、朝行われていた小さなマルシェでは、お店の方たちがとにかく陽気で、桃やネクタリンを次々に持ってきては試食させられたことが、今では懐かしい思い出となっています。

そして……。冒頭の話に懲りず、たまたま咲いていたミモザにつられ、バスに乗るつもりがまた歩いて帰るはめになったのは内緒のお話。

ASTA

ヴァランソル
Valensole

ParisからValensoleへの行き方

Paris-Charles-de-Gaulle空港からMarseiile-Provence空港まで約1時間20分。LER26のバスに乗り換えManosque駅まで約1時間15分。さらにLigne133に乗り換えValensole-Mairieまで約35分(バスの本数がきわめて少ないので確認が必要です)。乗換時間などを考慮して合計約7時間。

紫の大地に抱かれて

フランスのラベンダー畑といえば、いちばんに名前が挙がるヴァランソル高原。「死ぬまでに見たい絶景」といわれる地平線の先まで続く紫の大地は、訪れるたびに感動を与えてくれます。太陽が昇る前に目を覚まし、朝焼けのラベンダーを眺めに行くのが私の旅のスタイル。どこのラベンダー畑にいちばん朝日が当たるのだろうと、考えながら車で行ったり来たり……。

毎年7月下旬に開催されるラベンダー祭りの活気はすごく、村中がラベンダー一色に……。普段の静かな村の様子とは一変し、朝から多くの観光客であふれます。マルシェで売られているお菓子やインセンス（お香）、せっけんなどもラベンダーの香りに包まれています。

ヴァランソル村の名前の由来は「La Vallée du Soleil」ですが、意訳すると「太陽が降り注ぐ谷」。つまり、谷の間に太陽が降り注ぎ、この地に繁栄をもたらしているのです。お世話になったガイドさんによると、この谷のおかげでミストラル（フランス南東部に吹く地方風）から村が守られるのだとか。ヴァランソル高原の美しいラベンダー畑は、こういった素晴らしい環境のもとで生まれています。

お祭りの後には、すぐにラベンダーの収穫が始まります。紫色だった大地が、大きな収穫用トラクターが通るたびに、鮮やかなグリーンへと変貌していく姿を眺めていると、農家の方が笑いながら声をかけてきました。「今日中に写真を撮らないと、明日には全部なくなってるよ」。トラクターが過ぎ去った後には、去り行く夏の香りが漂っていました。

イエール
Hyères

ParisからHyèresへの行き方

PARIS Gare de Lyon駅からTGVでHyères駅まで約4時間45分(直通の場合)。もしくはMarseille-Saint-Charles駅で乗り換えHyères駅へ。

コクトーが愛したコート・ダジュールの楽園

フランスといえば誰もが一度は聞いたことがある「コート・ダジュール」。南仏を代表する観光地であるニースやカンヌのイメージが強いですが、実はこの言葉の発祥地はプロヴァンス最南端でもあるイエール。作家ステファン・リエジャールがイエールの海岸沿いを訪れたとき、あまりにも美しい紺碧海岸に魅せられ、彼の著書『ラ・コート・ダジュール』で描いたことから、その呼び名がつきました。マルセイユから車で約1時間15分。正式名称は「イエール・レ・パルミエール」で、ヤシの木（パルミエール）がこの町のシンボルです。

フラミンゴをはじめ約250種類もの野鳥が生息するジアン半島には、かつて塩を採取していた「塩の道」があり、ラムサール条約にも登録されている塩田湿地帯が2つあります。その先には国立海洋公園に指定されているポルクロル島、ポルクロ島、そしてルヴァン島からなるイエール諸島があります。地元の人たちが集う旧市街をそぞろ歩くと、丘の上にはジャン・コクトーやサルバドール・ダリ、アルベルト・ジャコメッティなど、20世紀の偉大な芸術家たちが滞在し創作活動をしたモダニズム建築「ヴィラノアイユ」の真っ白な建物が目に入ります。
「イエールは代表的な観光地ではないけれど、そのおかげで手つかずの自然が多く残り、野鳥やイルカ、クジラたちの楽園でもあるわ。ここはね、コート・ダジュールの庭なのよ」
イエールを愛するオフィス・ド・ツーリズムのクリスティーヌさんの言葉が、今でも心に残っています。

サン・ポール・ド・ヴァンス
Saint-Paul-de-Vence

青に染まる
シャガールの丘

まるで「シャガールの青」に染まったかのように、丘の上にそびえるサン・ポール・ド・ヴァンス。バスを降りると静かに道を下り、全景をゆっくり眺めてから、もう一度村に向かって歩いていきましょう。ペタンクを楽しむ村人を見ながら、16世紀にフランソワ1世の命によって造られた門をくぐると、石畳の村が眼前に広がります。今もこの地で眠るマルク・シャガールはじめ、詩人で映画作家のジャック・プレヴェールも15年ほど住むなど、多くのアーティストたちがこの地を訪れています。路地を巡り、お気に入りのお店を見つけてください。

ParisからSaint-Paul-de-Venceへの行き方

Paris-Charles-de-Gaulle空港からNice Côte d'Azur空港まで約1時間30分。空港からAéroport/Promenadeのバス停まで徒歩約10分。400番のバスでSaint-Paul-de-Venceまで約38分。乗換時間などを考慮して合計約2時間50分。

多くのアーティストが集う
画家ビュフェゆかりの村

トゥルトゥル
Tourtour

星の伝説を持つムスティエ・サント・マリーからコバルトブルーの美しいサン・クロワ湖を抜け、車で約50分。可愛らしい名を持つトゥルトゥル村があります。標高635メートル、西にはサント・ヴィクトワール山まで望めるパノラマが魅力です。画家ベルナール・ビュフェが没した村として有名で、生前に家族によって2つの彫像が村へ寄贈されました。小さな村の中には多くのアーティストが集まり、オルモー広場の周りにはカフェや雑貨屋さんが並びます。このほか、8つの噴水、11世紀のロマネスク建築であるサン・ドゥニ教会も見どころです。

ParisからTourtourへの行き方

Paris-Charles-de-Gaulle空港からNice Côte d'Azur空港まで約1時間30分。770番のバスに乗り換えNice Poste Thiersまで約25分(ニース市内までトラムやほかのバスもあります)。Nice-Ville駅から地域圏急行TERでLes Arcs Draguignan駅まで約1時間10分。そこからタクシーで約30km。乗換時間などを考慮して合計約4時間50分。

ボルム・レ・ミモザ
Bormes-les-Mimosas

真っ青な地中海と
春を告げるミモザの香り

ボルム・レ・ミモザを訪れたなら、まずはゆっくり駐車場から村の中に入ってください。ミモザの時期なら黄色、ブーゲンビリアの時期ならピンク色のシャワーがあなたを迎え入れてくれます。路地にある可愛い雑貨屋さんやレストランは乙女心を捉えて離しません。村の頂上にある13世紀建造の小さなノートルダム礼拝堂までのぼると、真っ青な地中海が見渡せます。海側には1968年から大統領の別荘となっているブレガンソン要塞があり、ブドウ畑も圧巻！　ミモザの時期に行われるミモザリア、コルソ・フルーリなど花のお祭りも必見です。

ParisからBormes-les-Mimosasへの行き方
Paris-Orly空港からToulon-Hyères空港まで約1時間25分。7803番のバスに乗り換えBormes-Le Pinまで約25分（村の中心部まで1kmほど歩きます）。乗換時間などを考慮して合計約3時間30分。

伝統を守り続けるファイアンス焼き

中世の時代に開窯された
秘境の村の特産品

ヴェルドン峡谷の断崖に張りつくように佇む秘境の村、ムスティエ・サント・マリー。この村の宝であり、特産品でもあるのがファイアンス焼きです。その名前はイタリアのFaenza（ファエンツァ）が由来で、ムスティエでは中世の時代に開窯されました。一時期は王族や貴族に愛され栄華を極めますが、さまざまな要因から最後の窯が1874年に閉じられてしまいます。しかし、1929年に窯が再開されると村の象徴となりました。

ムスティエで唯一、すべての工程を手づくりする「Bondil（ボンディル）」の工房は村の麓にあります。工房の案内人であるイザベルの話によると、彼らは17世紀、18世紀と続いたデザインを研究し、それらを忠実に再現しているそうです。私が訪れたときはちょうど皿の成型を行っていて、手づくりの素晴らしさを目の当たりにしました。ここではそれぞれの工程において専門の職人がいるため、チームワークによって一つの作品が生み出されます。動きのある繊細な花びらや葉は、Bondilのデザインを知り尽くしたこの道30年の絵付け職人の腕に委ねているそうで、彼らがお互いに信頼し合って仕事をしている姿が印象的でした。

帰り際、イザベルが「ムスティエに訪れてほしいから、Bondilは基本的にこの村でしか販売しないの」と言った凛とした横顔が、私の心に今でも残っています。

Vive le Roy

BONDIL
FAIENCIER

カルジェーズ
Cargèse

ParisからCargèseへの行き方

Paris-Charles-de-Gaulle空港からAjaccio Napoléon Bonaparte空港まで約1時間45分。タクシーに乗り換え約53km。乗換時間などを考慮して合計約3時間。

2つの教会が向き合うコルスの不思議な地

ナポレオンの生まれ故郷であるアジャクシオから約50キロメートルにあるカルジェーズを訪れることになったのは、オフィス・ド・ツーリズムのマダムに強くすすめられたからでした。駐車場に到着し真っ青な海を眺めると、不思議な塔が目に入りました。これはコルスの海岸線にいくつも存在するジェノヴァの塔。島のシンボルとなっています。

オフシーズンである2月だったこともあり、ただただ静かな印象でしたが、バラが咲いていたり、たわわに実るレモンが南国の風情を彩ってくれます。村の奥まで歩くとマダムに聞いていた2つの教会が見えてきました。

１８６８年から74年にかけて建てられたのが、ギリシャ正教の「Église St. Spiridion（聖スピリディオン教会）」。内部装飾は新古典主義でイコノタシスと呼ばれる独特な造り。そしてもう1つ、１８２２年～28年に建造されたカトリックの「Eglise de l'Assomption dite《Latine》（ラテン《ラタン》と呼ばれる被昇天教会）」は基本的にバロック様式で、ところどころトロンプ・ルイユの技法（トリック・アート）が使われています。この教会の中に差し込む太陽が奏でるステンドグラスの輝きは圧巻。太陽の光をいかに計算して造っているのかと感動しました。

ギリシャ正教会とカトリック教会が向き合って建っているのは珍しく、この村の見どころとなっています。

IN MEMORIAM
LECA
LECA
LECA
LECA
LECA
LEONI
MATTEI PAUL
MARSILI
NESA
A SES GLORIEUX ENFANTS

ピアナ
Piana

ParisからPianaへの行き方

Paris-Charles-de-Gaulle空港からAjaccio Napoléon Bonaparte空港まで約1時間45分。タクシーに乗り換え約72km。乗換時間などを考慮して合計約3時間30分。

バラ色のカランク・ド・ピアナ

カルジェーズから車で約30分。早春に訪れたピアナ村は、雪山を背に美しい姿を見せてくれました。コルス島の小さな村でありながら、世界自然遺産に登録された不思議な造形の奇岩、カランク・ド・ピアナを有し、夏になると多くの観光客が集まります。ポルト湾沿いに、赤い花崗岩の断崖絶壁が約1・2キロメートルも続く絶景スポットとして人気のカランク・ド・ピアナ。くねくねした道を車で走っていると、放牧されたヤギに出会うことも。村の入り口近くにある愛らしい被昇天教会もおすすめです。

ル・ピュイ・アン・ヴレ
Le Puy-en-Velay

Parisから Le Puy-en-Velayへの行き方

PARIS Gare de Lyon駅からTGVでSaint-Étienne-Châteaucreux駅まで約2時間50分。地域圏急行TERに乗り換え約1時間30分。乗換時間などを考慮して合計約4時間30分。

マリア像に見守られた巡礼路の出発点

一年の終わりを告げる冬の夕暮れ。友人たちと待ち合わせ、オーヴェルニュ地方最大の観光地であり、最大の巡礼地ル・ピュイ・アン・ヴレに向かいます。いつもの道、いつもの景色。だけど今日の私は、友人たちとの会話すら気もそぞろ。なぜなら、今朝はうっすらと雪が降り、雪景色が見られるのではないかと期待していたからです。フランス屈指の極寒の地でもあるオーヴェルニュの冬は厳しく、凍りやすい道路を運転するのは夫の役目。

なだらかな坂を下っていくと、見慣れた景色が茜色に染まり、薄化粧をした美しい町が見えてきました。なんて壮大な景色なんだろう……。刻々と場所を変えていくオレンジ色の光を眺めながら、太陽が沈むまでの時間を楽しむぜいたくな時間。遅い春を迎えた一面の花畑も美しいけれど、オーヴェルニュの大地は雪をまとって冬にも輝きます。

1998年にユネスコの世界遺産に登録された「フランスのサンティアゴ・デ・コンポステーラの巡礼路」であるル・ピュイの道は、フランス国内で4つある巡礼路の中でも屈指の人気を誇っています。ここル・ピュイ・アン・ヴレは巡礼路の出発点。巡礼者たちは、朝7時から黒い聖母像を祀るカテドラル（ノートルダム・ド・ピュイ）で始まるミサに参加し祝福を受け、正面の扉が開かれると同時に長い道のりに旅立ちます（※季節によってミサの時間は変わります）。この神聖な雰囲気は、何度この町を訪れても深い感動を呼び起こし、ヨーロッパにおけるキリスト教の信仰の深さを感じさせます。
町中だけでなく、道中でも見かける「GR65」の看板は巡礼路の道標であり、ホタテのマークは巡礼のシンボル。巡礼者たちはこの白と赤のラインを目印に、遠くスペイン、ガリシア州にある聖地サンティアゴ・デ・コンポステーラを目指します。

ナポレオン3世がクリミア戦争の勝利を記念してこの町に贈った聖母マリア像も見どころの一つ。ロシアの213もの大砲から鋳造してできたマリア像は、火山起源のコルネイユ岩の上で町を見守っています。また、圧巻なのが高さ82メートルの奇岩の頂に建つサン・ミシェル・デギュイユ礼拝堂。こちらは10世紀半ばに建立されましたが、初めて見たときは「どうやって造ったのだろう……」とあっけにとられたものです。頂上までは268段の階段！ のぼるのはなかなか大変でしたが、教会の周りを一周できるようになっていて、町を一望できます。

さて、ル・ピュイに来たらぜひ訪れてほしいのが土曜の朝に行われているマルシェ。地元名物のレンズ豆や新鮮なフロマージュ（チーズ）を買うことができます。また、カテドラルに行く道すがら見ることのできるボビンレースの実演も外せません。木製のボビンを両手に2本ずつ、計4本持ち、クロスかツイストさせるだけで美しい柄のレースを器用に編んでいきます。町中にはボビンレースの学校と美術館もあり、レース好きな私は何度見ても飽きません。
一度予約したのですが、行けずじまいになってしまったボビンレースの学校。いつかリベンジしたいな～。

SALVE

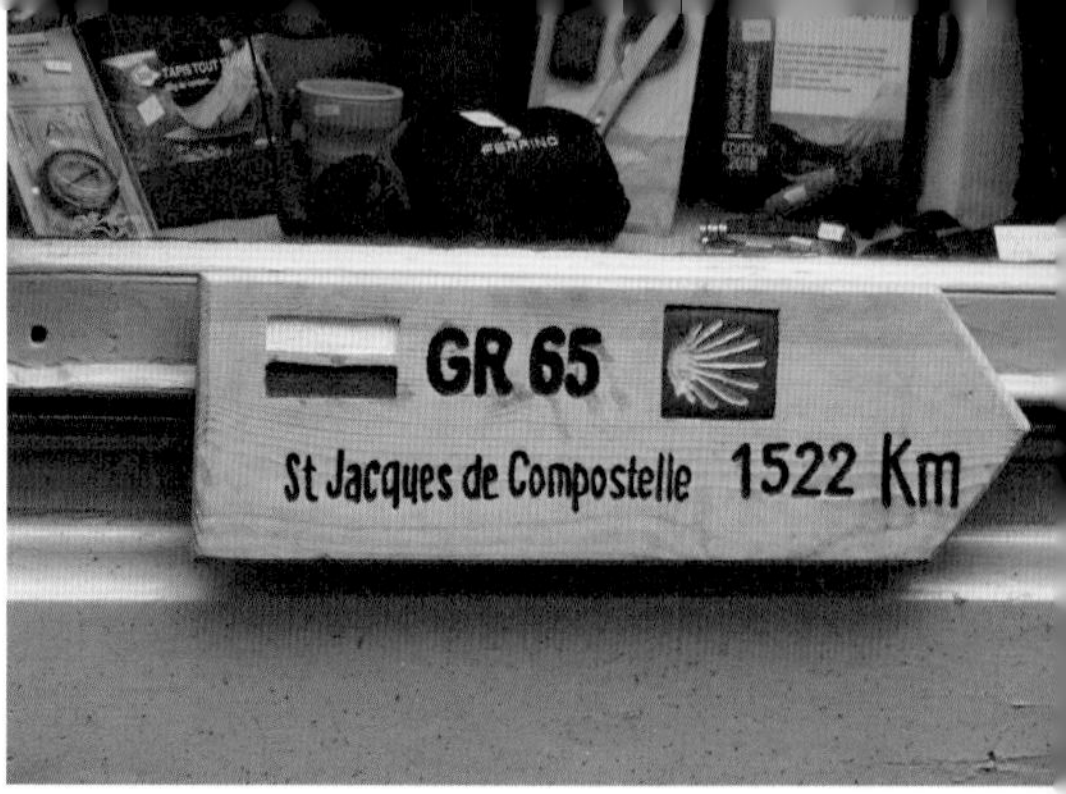
GR 65
St Jacques de Compostelle 1522 Km

RESTAURANT
A la 5éme Saison

ペルージュ
Pérouges

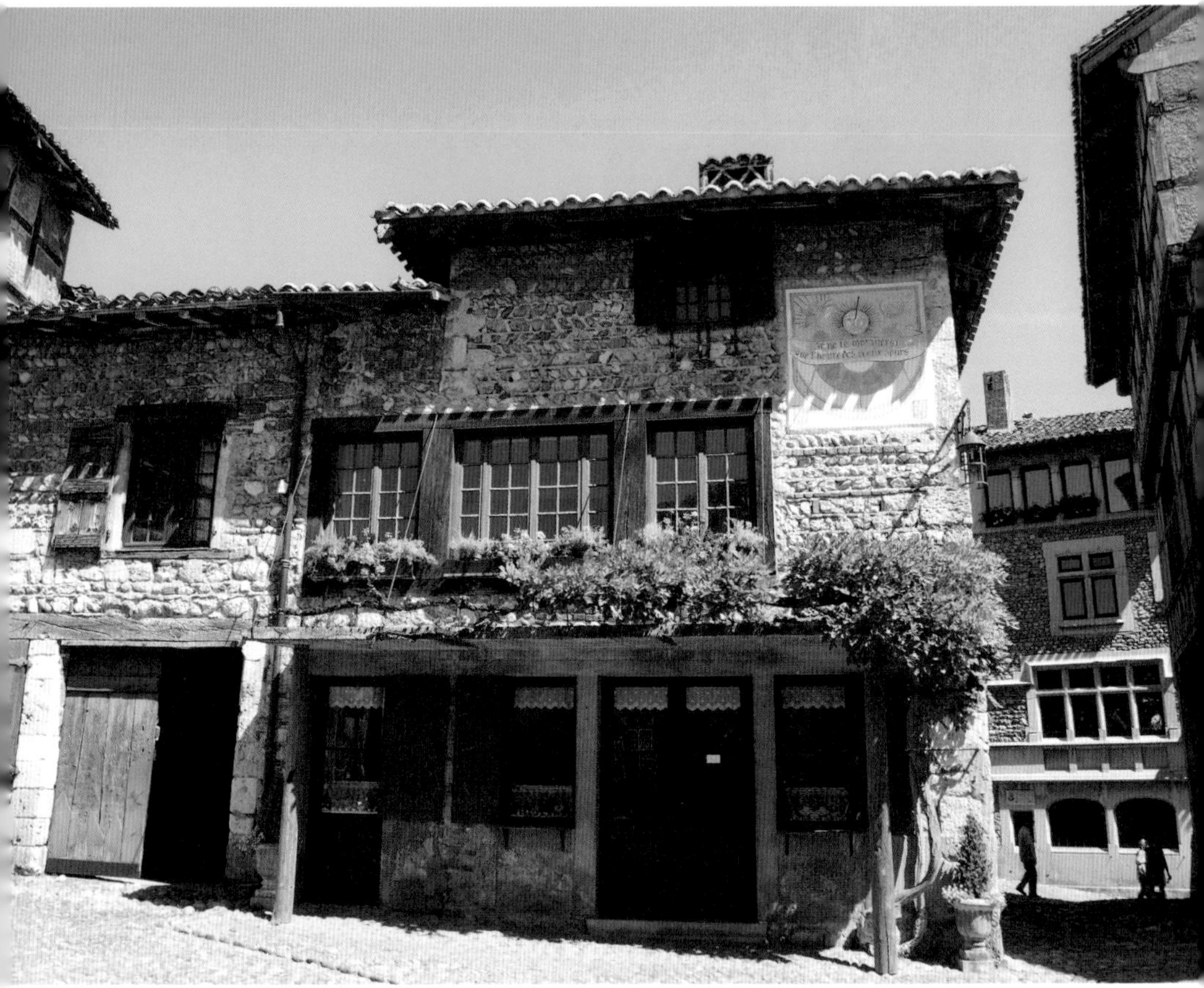

ParisからPérougesへの行き方

PARIS Gare de Lyon駅からLyon-Part-Dieu駅まで約2時間10分。地域圏急行TERに乗り換えMeximieux-Pérouges駅まで約30分。乗換時間などを考慮して合計約2時間50分。※駅から中心部までは30分ほど歩きます。

ガレットの甘い香りに誘われて

美食の町として名を馳せるリヨンから約35キロメートル。ペルージュはアクセスがよいため、リヨンからふらっと立ち寄るのに最適な中世の村です。友人と遊びに行った際は、せっかくだから歩こう！　という話になり、2人で景色を楽しみながら坂道をのぼっていきました。

この村を散策するなら、ぜひ「Porte d'en Haut（上の門）」からスタートしましょう！　近くにトイレとオフィス・ド・ツーリズムがあり、頼めば日本語の資料も準備してくれます。

村の中に入った途端、そこはもう別世界。多くの建物が歴史的建造物に指定され、電線やケーブルも地中に埋められていることから、『三銃士』をはじめとした映画の撮影にたびたび使われるほど。日本でも大人気の不朽の名作『星の王子さま』で知られるサン＝テグジュペリも、かつてこの村を訪れ感嘆の声を上げた一人です。

近くを流れるアン川から集められた丸石が石畳に使われ、趣のある雰囲気にひと役買っています。メイン広場である「Place du Tilleul（菩提樹広場）」にある菩提樹は、「自由の木」とも呼ばれ、なんとフランス革命期の１７９２年に植えられたもの。歴史的文化財として保護されています。

もともとこの村はリヨンとジュネーブを結ぶ街道沿いという利点を生かし、15世紀の終わりから18世紀の終わりまで麻を使った織物業で栄えました。多くの商人たちが行き来し、村の中心部に向かう「La rue des Princes（王子通り）」を歩くと、店主たちが上下に開閉する雨戸を利用し、商品を並べていた当時の様子をうかがい知ることができます。

村の入り口にあるサント・マリー・マドレーヌ教会は、城壁と一体化した大変珍しい教会。別名「城塞の教会」とも呼ばれ内部は美しいゴシック様式です。また、散策途中に見つけた看板「Grenier à Sel de 1536 à 1790」は１５３６年～１７９０年まで村のすべての塩を集めた倉庫として使われていた場所。塩は昔から調味料としてだけでなく、食品の保存に使われていましたが、当時、この塩に高額なガベル（増税）がかかっていました。現在この建物はシャンブル・ドットとして使われています。

村内を一周できるロンド通りを歩くと、なんともいえない甘い香りが漂ってきました。匂いにつられふとお店をのぞくと、丸いピッツァのようなものが見えました。実はこれが名物のガレット。ガレットは「丸い平らな形のもの」を指す言葉でもあるため、有名なガレット・デ・ロワ（公現祭の日に食べるフランスのお菓子）でもその名が使われます。

作り方はとてもシンプル。バター、卵、砂糖、小麦粉に少量の塩と酵母を加えてこね、発酵後にオーブンで焼き、グラニュー糖を振りかけたもの。隠し味にレモンが入っています。

さぁ、どんな味がするか。一度食べてみたくなりませんか？

Ostellerie du Vieux Péroges
Hotel Restaurant
Dégustation de Galettes et Vins

Ostellerie de Pérouges

Sel
de
1790

ベス・エ・サン・タナステーズ
Besse-et-Saint-Anastaise

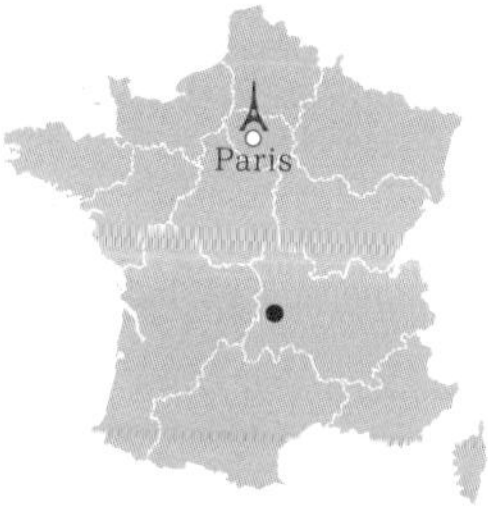

ParisからBesse-et-Saint-Anastaiseへの行き方

Bercy駅から地域圏急行TERでClermont-Ferrand駅まで約3時間30分。108番か74番のバスに乗り換えBesse-et-Saint-Anastaiseまで約1時間。乗換時間などを考慮して合計約5時間30分。

火山の国のメルヘンな村

火山地帯であるオーヴェルニュ・ローヌ・アルプ地方最大の都市であるクレルモン・フェランから車で約1時間。標高1000メートルのベス・エ・サン・タナステーズは、夏は涼しく、雪の多い冬はスキーのメッカ。ヨーロッパでは避暑地として人気があります。小さな山間の村ですが歴史は古く、村の中心部にある噴水を中心に可愛い雑貨屋さんやこの地方の特産品を売るお店が並びます。赤いファサードが映える真っ黒な溶岩石の建物は12世紀から16世紀のもので、王妃マルゴの伝説も……。ほぼ円状の形をしているパヴァン湖の美しさも見逃せません。

※1973年7月1日、サン・タナステーズと合併してベス・エ・サン・タナステーズが正式名称となりましたが、Googleマップや観光パンフレットではいまだに合併前のベス・アン・シャンデスのままです。

イヴォワール
Yvoire

三日月の湖に浮かぶ
「レマン湖の真珠」

水で有名なエヴィアンからほど近いイヴォワールは、ゼラニウムやベゴニアが窓辺を彩る美しい花の村。1950年ごろから花で村を飾ることに力を入れ始め、数々の賞を受賞しています。湖畔に建つイヴォワール城は17世紀以降、現在もイヴォワール家が所有していて見学不可ですが、併設されている「五感の庭」を見ることができます。おなかがすいたら、レマン湖で捕れる名物の魚料理「パーチのムニエル・レモンバターソースがけ」を食べてみてください。対岸のスイス・ニヨンからフェリーで訪れ、湖からの景色を楽しむのもいいでしょう。

ParisからYvoireへの行き方
PARIS Gare de Lyon駅からTGVでThonon-les-Bains駅まで約4時間10分。152番のバスに乗り換え約30分。乗換時間などを考慮して合計約5時間40分。

雪深い
カンタルの城

トゥルヌミール
Tournemire

カンタル山脈の中心であり、ドワール渓谷を見おろすトゥルヌミールは、雪深いカンタルらしい急勾配の屋根を持つ古い家が建ち並び、村の麓には牛や馬が草を食んでいる姿が見られます。村の歴史は、ライバル関係であった貴族のトゥルヌミール家と、近郊の村オーリヤックの商人だったアンジョニー家の戦いから生まれます。15世紀に建てられた4つの塔を持つアンジョニー城は、いまだにトゥルヌミール家の子孫が住んでいるのだそう。12世紀に建てられたサント・クロワ教会はロマネスク様式で、最初の十字軍遠征から持ち帰ったというキリストの聖遺物が眠っています。

ParisからTournemireへの行き方
Paris-Orly空港からAurillac-Tronquières空港まで約1時間20分。タクシーに乗り換え約26km。乗換時間などを考慮して合計約2時間30分。

オーヴェルニュAOPフロマージュ街道

フランスの大自然に育まれた
大地の味わい感じる国民食

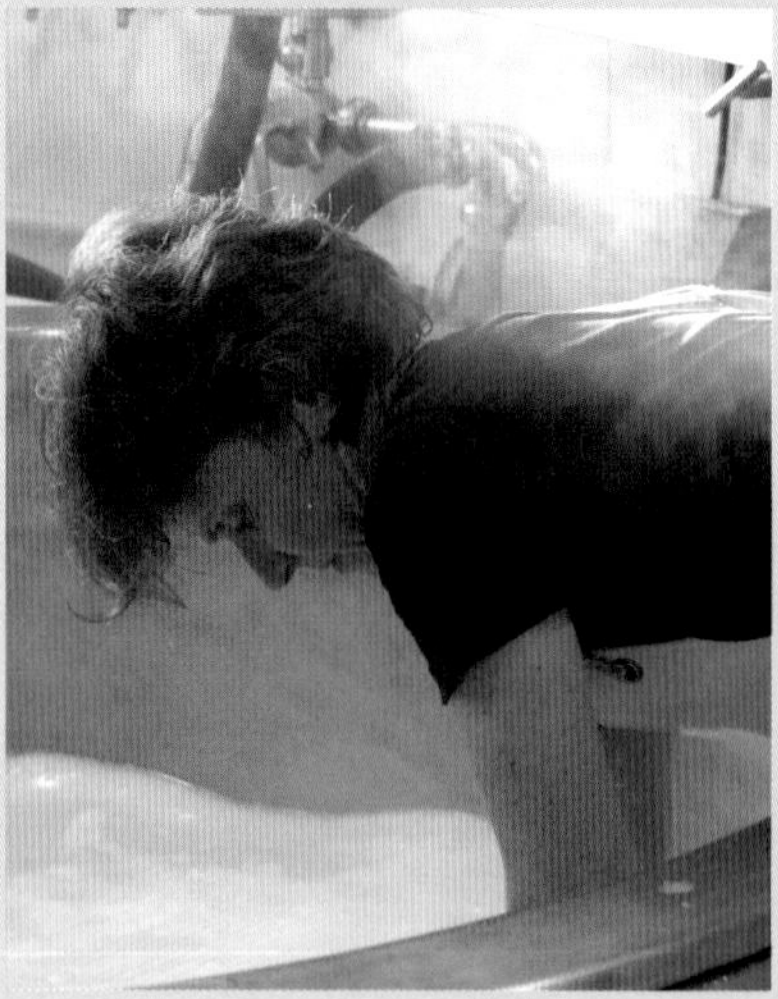

フランスの田舎を旅する機会があれば、ぜひ楽しんでほしいのが各地のフロマージュ（チーズ）。中でもオーヴェルニュ・ローヌ・アルプ地方にある「La route des fromages AOP d'Auvergne（オーヴェルニュAOPフロマージュ街道）」はおすすめ！　オフィス・ド・ツーリズムで地図をもらって農家を訪ね、お気に入りを探してみましょう。

オーヴェルニュ地方にはサレール、カンタル、サン・ネクテール、ブルー・ドーヴェルニュ、フルム・ダンベール計5種類のAOPフロマージュのほか、シェーブル（ヤギ）、ブルビ（羊）、ミルクの搾りかすを使ったガプロンなどがあります。フロマージュが伸びるので有名なアリゴは、ぜひ味わってほしい一品。春になると牛たちは大自然の中で育った牧草と一緒にゲンチアナ、アルニカなどの野草の花も食べるため、ミルクの香りも華やかに……。同じフロマージュでも春の香り漂うサレールは私のお気に入りです。

同じ地域圏であるサヴォワ県には、運搬のため側面にくぼみがあるのが特徴のアボンダンス、エピセアの香り漂うルブロションなどがあります。エピセアはオウシュウトウヒのこと。モミの木と似ているため、ノエルの時期となるとクリスマスツリーとしても売られています。地元ではこういった木々の新芽を使ったお酒やエッセンシャルオイルを作り、日々の暮らしに役立てています。

※AOP（Appéllation d'Origine Protégée）は、原産地保護呼称であるフランスの「AOC」にならって、1992年に生まれたヨーロッパの原産地保護呼称。

POTERIE ARTISANALE
HAUTE HERMANN SAVOIE

Route des Fromages A.O.C. d'Auvergne
ST-NECTAIRE
Ferme de la Chaux
GAEC du Bois Joli

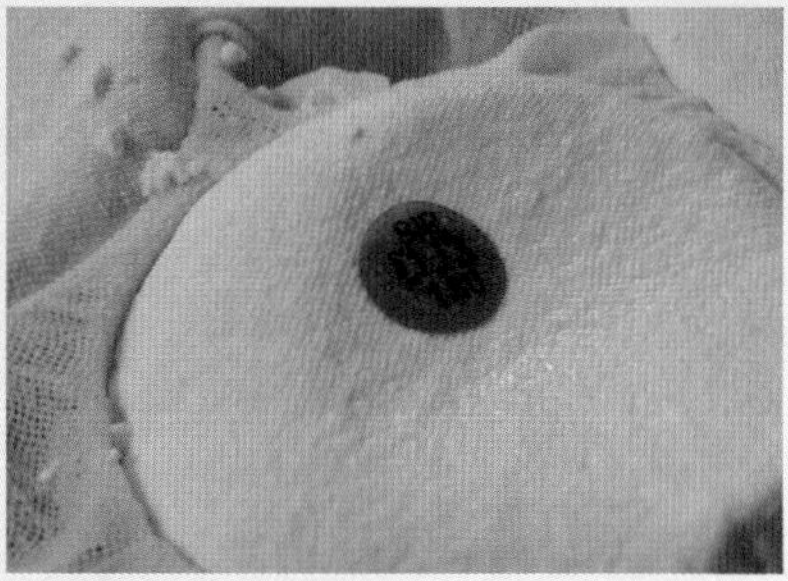

8

ノワイエ・シュル・スラン
Noyers-sur-Serein

ParisからNoyers-sur-Sereinへの行き方

Bercy駅からTonnerre駅まで約1時間55分。5番のバスに乗り換え約35分（バスは1日2から3本なのでタクシー【約20km】のほうがおすすめです）。乗換時間などを考慮して合計約3時間。

緑豊かなトリュフの里

ブルゴーニュ・フランシュ・コンテ地方、ヨンヌ県。この地方にはシャルドネ種のブドウから作られる白ワインが有名なシャブリ、「ヴェズレーの教会と丘」という名前でユネスコの世界遺産に登録されている美しい中世の村ヴェズレーなど見どころがたくさんあります。

しかし、私がご紹介したいのは、シャブリから約23キロメートル、ヴェズレーから約40キロメートルの場所にある、美しい門と城壁に囲まれたノワイエ・シュル・スランという小さな村です。この村はトリュフの産地でもあり、11月になるとトリュフのマルシェが開かれることで有名です。

スラン川に沿って続く緑豊かな散歩道が特に美しく、最初にここを訪れた4月には、さまざまなグリーンの色をまとったユーフォルビアの群生を、翌年訪れた5月末には美しいキンポウゲの花畑の中を歩くことができました。

村の入り口にある門（La Porte Peinte）を見ながら左に曲がり、道なりに歩いていくと、キンポウゲの咲く花畑が……。その美しさに見ほれていると、犬の散歩をしているマダムたちとすれ違いました。おしゃべりに夢中な飼い主に退屈したのか、子犬が2匹駆け寄ってきて私の足元にじゃれついてきます。その横をジョギングしながら通り抜けていくご夫婦や、私と同じように散歩を楽しんでいる旅行者たち。

なんともいえないのんびりした空気を感じながら、村の中心に見える教会の尖塔や可愛い家々を眺め、田舎ならではのぜいたくな時間を過ごしていると、左手の門の前に突然、ロバが現れました。どうやら人懐っこい子のようで、盛んにこちらを見ながら「なでて」とアピールしてきます。ロバ好きな私は、この村を訪れるたびにいつも彼にあいさつをしています。

村の奥まで進んで右側に曲がると、スラン川の川岸にたどり着きました。川には小さなボートが浮いていて、それらを手入れする人たちや、釣りを楽しむ人も……。対岸にある畑からは、ときおり牛が水を飲みにおりてきて、この村の人たちの暮らしを垣間見ることができます。

川岸にあるシャンブル・ドットからの眺めも最高！　シャンブル・ドットのご主人に聞いてみると、絵を描いてみたくなるこの景色につられて、多くの画家さんたちのグループが訪れるそうです。

さて、もし土曜、日曜にこの村を訪れるチャンスがあれば、ぜひ、La Porte Peinte のそばにあるアンティークショップ「Le Passage」を訪れてみてください。すてきなマダムによってセレクトされたアンティークや雑貨は必見！　お店を出て、村の中心へと石畳を歩き始めると、ユーモラスな店の看板や通りの名前が書かれた可愛いプレートを見つけることができます。

春先に空を見上げれば、子育てに忙しそうなツバメが空を飛び回る姿も見ることができますよ。

MAISON DE L'ECRIT

ヴェズレー
Vézelay

ParisからVezelayへの行き方

Bercy駅からSermizelles Vézelay駅まで約2時間30分。タクシーに乗り換え約11km。乗換時間などを考慮して合計約2時間50分。

満開の藤と光の道を求めて

マスタードで有名なディジョンから車で約1時間30分。パリからも比較的近く、シャブリをはじめとするワインが有名な美食の地であるヴェズレーは、世界遺産に登録され、サンティアゴ・デ・コンポステーラの巡礼路の起点としても知られています。

数年前、あるイギリス人ジャーナリストの手記を読み、一度は訪れてみたかったサント・マドレーヌ大聖堂。夏至の日の正午になると聖堂内のナルテックス（拝廊）から祭壇のある内陣まで光の道が現れ、信者たちはこの道を歩くと幸せになれるという言い伝えがあります。そのため、「何がなんでも晴れになってほしい日だ」と書かれていました。ところが、私が訪れるのは雨の多い藤の時期ばかり。なかなかその光景を目にすることができません。それでもやっと、多くの巡礼者が踏みしめたこの床に光の道が現れたのを見たときは心から感動しました。

聖堂の地下にはマグダラのマリアの聖遺物が祀られていますが、その横に置かれている籠いっぱいの紙がふと気になり見てみると……。ここを訪れた人が願いを込めて書いた紙で、毎週金曜に聖遺物のそばで祈りが捧げられるようです。さっそく私も書いてみましたが、いつかその願いが叶ったら、またお礼に訪れたいと思います。

宿泊したホテル前の見事な藤の花は多くの観光客たちの撮影スポット。ホテルを出入りするたびに、私もたくさん写真を撮られるはめになりました。この村を立ち去る前に、本場「ブルゴーニュのエスカルゴ」を食べたのは言うまでもありません。

INTENTIONS DE
Elles seront portées à l'Eucharistie

ブルゴーニュの
シャトーヌフ

シャトーヌフ・アン・オクソー
Châteauneuf-en-Auxois

シャトーヌフと聞くと、ワインの名前を連想しますが、こちらはブルゴーニュ、コート・ドール県のシャトーヌフ・アン・オクソー。標高500メートルの小さな丘の上からディジョンとオータンを結ぶ道を見守り、麓にあるブルゴーニュ運河にその姿を映します。北門から村に入ると、のどかな風景に寄り添うように多くの花が咲き、静かに美しい村を堪能できます。この地方の要塞として重要な役割を果たし、ブルゴーニュの軍事建築としても貴重な姿を残すシャトーヌフ城。14世紀から17世紀にかけて、ブルゴーニュの裕福な商人たちが建てた館も健在です。

ParisからChâteauneuf-en-Auxoisへの行き方
PARIS Gare de Lyon駅からTGVでDijon Ville駅まで約1時間40分。タクシーに乗り換え約43.6km。乗換時間などを考慮して合計約2時間30分。

修道士から受け継いだ
アニス・キャンディー

フラヴィニー・シュル・オズラン
Flavigny-sur-Ozerain

　皆さんは、カラフルな楕円形のキャンディー缶を見たことがありますか？　フラヴィニー・シュル・オズランには、昔の修道院を使った工場で作られるアニス・キャンディーの店があり、さまざまな味を試食できます。工場の敷地内にはカロリング朝（751年～987年）の教会がありますが、村の歴史は長く、ローマ皇帝カエサルがガリア軍との戦いに勝利した後、老兵たちに領地を与えたことが起源となっています。兵士の治療のために持ち込んだアニスの種がキャンディーの始まりだとか。村周辺に広がる素朴な景色は心を和ませ、映画『ショコラ』の撮影地としても有名です。

ParisからFlavigny-sur-Ozerainへの行き方
Bercy駅から地域圏急行TERでLes Laumes Alésia駅まで約2時間40分。タクシーに乗り換え約9.2km。乗換時間などを考慮して合計約3時間。

コルマール
Colmar

ParisからColmarへの行き方

PARIS Est駅からTGVでColmar駅まで約2時間30分
3時間（直通あり）。

夢色の光をまとった童話の国

私がフランスに住んで4年目の冬。たまたまテレビに映し出されたマルシェ・ド・ノエルの美しさに目をキラキラ輝かせていると、横から夫が「そういえば、どうしてアルザスに行かないの?」と不思議そうに聞いてきました。「行ってきていいの?」。もちろん、すぐに聞き返し、その日の夜には電車のチケットを買っていました。

フランスの小さな村や町は、駅から少し離れた場所にメインの観光地である旧市街があったりしますが、コルマールの魅力的な中心部までは駅から徒歩約20分。初めて訪れるアルザス地方の華やかなノエルを楽しみにしていた私は、駅を降りた瞬間の殺風景な景色に一瞬ドッキリ。しかし、町が近づくにつれ、心地よく流れる陽気な音楽と人々の楽しそうな声が聞こえてきました。誘われるまま町の中心部に入っていくと、「なんて可愛い町なんだろう!」。思わず感嘆の声が漏れ出します。

カラフルなコロンバージュ(木骨造)の家、移動遊園地に興じる子どもたち、耳が痛くなるほどの冷えきった空気に湯気をくゆらせながら飲むヴァン・ショー(ホットワイン)。どの建物にも趣向を凝らしたノエルの飾りつけが施されています。ロシュ川沿いに連なる屋台でアルザス名物であるタルトフランベやプレッツェルをつまみ、夢色の光をまとったような人々の笑顔を楽しみながら、冬の夜を満喫しました。

もちろん、マルシェ・ド・ノエルの時期でなくても、童話の世界から飛び出たような可愛らしさは変わりません。おすすめは、小舟でゆっくり川下り。のんきに花に囲まれた景色を眺めていると、船頭さんが家の壁を指し「あそこはもともとトイレだったんですよ。効率がいいでしょ!」と説明が始まり、みんなで顔を見合わせ苦笑い。橋の下に来た瞬間、「みんな頭を下げて!」と再び大きな声が飛び、大人も子どもも一緒になって頭を抱えたのも、大変楽しかった思い出です。

また、この町にはパリ以外の地域で年間の来訪者が第2位のウンターリンデン美術館があります。2015年12月にリニューアル・オープンしたこちらの美術館は、旧ドミニコ派の修道院を改装して造られた歴史的建造物で、ドイツ人画家マティアス・グリューネヴァルトの傑作である『イーゼンハイムの祭壇画』が有名です。回廊からチャペルの中に足を踏み入れると……圧巻! のひとこと。上階にある視聴覚室から下を眺めると、2度この名画を楽しむことができます。

そうそう、コルマールを訪れたなら車で約20分のニーデルモルシュヴィル村にある「ジャムの妖精」として有名な「Maison Ferber」を訪れるのも忘れずに! 初めてアルザス地方の小さな村を訪れるなら、コルマールに拠点を置いて巡るのがいちばん効率よくおすすめです。

RELAIS DES TROIS

Hotel St. Martin
RESTAURANT LA ROMANTICA
Brasserie Schwendi

PLACE
Glacier

エギスハイム
Eguisheim

ParisからEguisheimへの行き方

PARIS Est駅からTGVでColmar駅まで約2時間30分～3時間。208番線のバスに乗り換え、Eguisheim Place de Gaulleまで約30分。乗換時間などを考慮して合計約3時間30分。

同心円状に広がるカラフルな花の村

ノエルの季節になるとイルミネーションが輝きを増すアルザス地方の中で、とびきりの夢を与えてくれる村がここエギスハイム。村外れにある駐車場に車を停め真っすぐ歩くと、左手にこの村いちばんの有名スポット「Le Pigeonnier（鳩小屋）」が見えてきました。ここから散策のスタートです！　しかし、ここで記念撮影をしない人はいないくらい有名なスポットのため、いつも周りは大渋滞。それもそのはず、ノエルの時期はハート形のモチーフ、それ以外の季節にはゼラニウムなどが飾りつけられ、思わず写真を撮りたくなるのです。

もちろん、冬だけでなくすべてのシーズンがおすすめ。左右に広がるカラフルな家や看板、窓辺に飾られたゼラニウム。どこも目移りするほどの可愛さです。ここは、フランスの「花の町と村コンクール」で4つの花マークを獲得する有名な花の村。村人たちが子どもたちと一緒に花の手入れをしている姿に出会うことも。

「迷子になることはない」といわれるこの村は、八角形の城壁に囲まれたエギスハイム城と、11世紀にフランスで初のローマ教皇となった聖レオン9世の礼拝堂を中心に、同心円状にコロンバージュ（木骨造）の家が重なり合うよう家屋の背面を城に向け、二重に広がっています。4世紀にローマ人がブドウの苗を植えたとされるアルザスワイン発祥の地で、丘という丘にブドウが栽培されたのは7世紀ごろ。アルザスでアペリティフ（食前酒）に飲まれるミュスカは、プロヴァンスの甘口とは違い辛口。初めて飲んでびっくりした経験が……。いい思い出です。

厳かな光に浮かぶ
クリスマスツリー発祥の地

セレスタ
Sélestat

ノエルの季節、念願叶いセレスタのサン・ジョルジュ教会を訪れました。ここではパイプオルガンの音色とともに、時代によって移り変わるクリスマスツリーの飾りつけを楽しめます。ツリーに関する最も古い記述は1521年12月21日のもの。「Meyen（クリスマスツリー）に使われる木を見張っていた警備の人に４シリング支払った」と記した書物がセレスタの人文主義図書館に残されているため、クリスマスツリー発祥の地ともいわれています。魔女狩りが行われた魔女の塔、パンの歴史を学べる「Maison du Pain d'Alsace」もおすすめです。

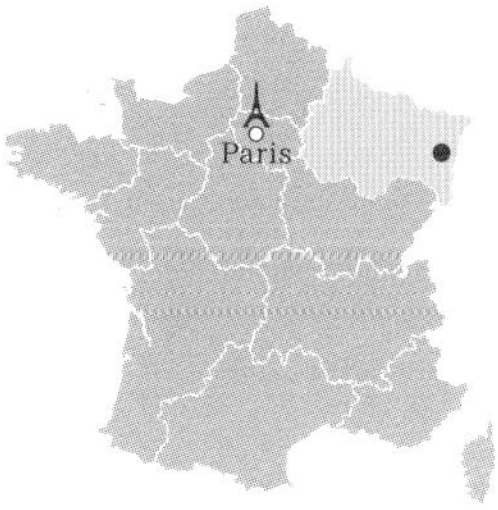

ParisからSélestatへの行き方
PARIS Est駅からTGVでStrasbourg駅まで約1時間50分。地域圏急行TERに乗り換えSélestat駅まで約18分。乗換時間などを考慮して合計約2時間45分。

朝焼けに染まる
魔女の眼

タン
Thann

朝5時に起き電車に乗ると、先ほどまで降っていた雨がやみ、真っ赤に燃える朝焼けの中、アルザスワイン街道南端の村であるタンに到着しました。左手には「親指の伝説」を持つサン・ティエボー参事会教会が見えます。魔女の塔を通り過ぎテュール川を背にすると、村の象徴である「魔女の眼」(エンゲルブール城跡)が見えます。振り返るとアルザスワインのグラン・クリュに認定されるランゲンのブドウ畑が広がり、その美しさに息をのみました。タンの名はドイツ語のモミの木(Tanne)由来。6月30日に3本のモミの木を燃やす祭りが有名です。

ParisからThannへの行き方

PARIS Est駅からTGVでStrasbourg駅まで約1時間50分。地域圏急行TERに乗り換えMulhouse Ville駅まで約55分(PARIS Gare de Lyon駅から直行列車もあります)。そこからTram trainに乗り換えThann-Centre駅まで約45分。乗換時間などを考慮して合計約4時間。※Thann-Centre駅まではSNCFでチケットが買えますが、Mulhouse Ville駅から、駅の外に出てトラムに乗り換えるのでご注意を。

「皇帝の山」からの美しい眺め

カイゼルスベルグ
Kaysersberg

ドイツとの戦いにより「死の山」と呼ばれたヴォージュ山脈とワイス川に挟まれたカイゼルスベルグ。フレデリック2世によって建造された、丘の上に佇む城が村のシンボルです。この城の主塔にのぼると一望できるのが、グラン・クリュ指定のブドウ畑や村の宝であるサント・クロワ教会。「皇帝の山」という村の名がしっくりきます。ノーベル平和賞受賞のアルベルト・シュヴァイツァー博士の生家や、職人たちが住む村でもありますが、ぜひ見てほしいのが可愛い雨戸に刻まれた小さなハート。かつて家族の中に独身の女性がいることを示していたのだそうです。

ParisからKaysersbergへの行き方
PARIS Est駅からTGVでColmar駅まで約2時間30分〜3時間。145番のバスに乗り換えKaysersbergまで約40分。乗換時間などを考慮して合計約4時間。

アルザスのガーデン&シャンブル・ドット

野鳥が訪れる庭を眺めながら至福のひとときを

「友人が私をモチーフにして作ってくれたのよ！」。庭の前でうれしそうに語るピエレッタは、素晴らしいガーデナーであり、とびきり可愛いシャンブル・ドットのオーナー。私が訪れたのは、6月第1週の週末に開催される「RENDEZ-VOUS AUX JARDINS」(オープンガーデン)に、彼女の友人たちが参加する忙しい時期。期間中は無料および有料で一般公開されているパブリックガーデンだけでなく、普段は未公開の一般家庭の庭を見ることができるガーデンファン待望の催しです。

私は春の庭を楽しむため、彼女の家に遊びに来たのですが、せっかくなので多くのガーデナーさんの庭を見せてもらうことに。池の庭、バラの庭、畑と一体になった庭などテーマに沿って作られた庭は圧巻のひとこと！　すべての庭にコンポスト(堆肥)を作る場所が存在し、市販の肥料や農薬は使っていません。中でもOrtieと呼ばれる、トゲいっぱいの西洋イラクサを巧みに使う技は目からうろこ。フランスでよく見かける「虫のホテル」(※123ページ右上写真参照)は冬の間、昆虫たちの隠れ場所になり、野鳥もたくさん集まってきます。自然の中で一つの生態系を維持した庭の美しさに、言葉にならない感動を覚えました。

もしもあなたがガーデニング好きなら、ピエレッタのシャンブル・ドットがおすすめ。野鳥が訪れる庭を眺めながらの朝食は、至福の時間が約束されています。

【Ambiance-Jardin】
12, rue de l Abbé Wendling
67230 - Diebolsheim, France
Tel: +33(0)3 88 74 84 85
https://www.ambiance-jardin.com/

Le compost

アプルモン・シュル・アリエ
Apremont-sur-Allier

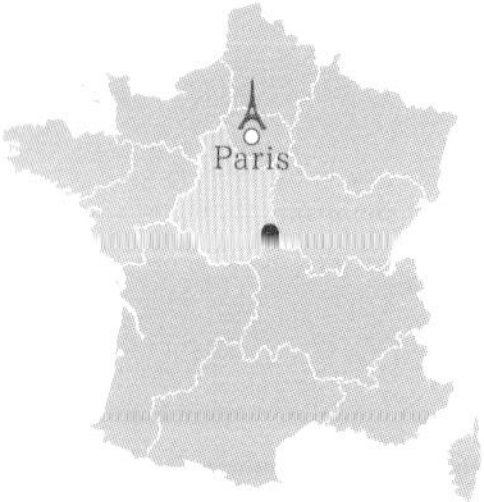

ParisからApremont-sur-Allierへの行き方
Bercy駅から地域圏急行TERでNevers駅まで約2時間30分。タクシーに乗り換え約18km。乗換時間などを考慮して合計約3時間。

彼が恋した藤の花

「僕は日本に恋をしたんだ」

熱心に藤の写真を撮っている私に、一人のフランス男性が声をかけてきました。「私が日本人だってよくわかりましたね」。少しびっくりした顔をして振り返ると、彼は得意気な顔で「藤の花をこんなに一生懸命に眺めているのは、日本女性しかいないだろう」と言うのです。「僕にとって藤は特別でね……。なんといっても日本で見た藤の美しさは忘れがたい。この花を見るたびに、貴女の国を思い出すんだよ」。そう語りながら、淡い太陽の光に透ける藤の花たちに懐かしそうな目を向けます。淡い紫、ほんのりと彩るピンク、透けるような白。

「フランスの最も美しい村」の一つ、アプルモン・シュル・アリエにあるパーク・フローラルには、3色の藤が連なるトンネルがあることで知られています。「いや、せっかく貴女が見に来ているのに残念だ。今年は霜にやられてしまってね……。いつもはもっときれいなんだよ」。彼は少し寂しげに、上から垂れ下がる花に手をやります。私は慰めの言葉をかけたくなり、「もうとっくに散っていると思っていたので、こうやって見ることができてうれしいですよ」と伝えました。

それもそのはず。今年ここを訪れたのは5月末。以前に訪れたのは満開の4月末だったため、この場所で藤の花を見られるとは思ってもいなかったのです。

彼が恋をしたのは、きっと日本女性。そのことをはっきりとは言いませんでしたが、日本に5回訪れたこと、どれだけ日本に住みたかったかをポツリ、ポツリと話し気がすんだのでしょう。「すてきな時間を！」と笑顔で私に告げると、その場を去っていきました。

庭園の中には大きな池があり、周りにはホスタ（ギボウシ）が競い合うように美しいグラデーションを奏でます。池のそばにはベンチが置いてあり、お年を召したご夫婦が仲睦まじく語り合っています。対岸には、母親らしきマダムが乗った車椅子をゆっくり押しながら庭園を眺めるご家族、その先には犬を連れた小さなお子さんがいるご家族もいます。それぞれが、光の注ぐこの気持ちのいい庭園で、思い思いに初夏のひとときを楽しんでいるようです。

池の周りを歩いていくと、ややこの庭園に似合わない真っ赤な東洋風のパコドゥ橋が見えてきました。橋の上で私が写真を撮り始めると、先ほどの車椅子の家族がやってきました。対岸に渡るためには、階段のあるこの橋を渡らなくてはいけません。どうするのだろうと思っていると突然、車椅子からマダムが立ち上がったのです！「こんなにきれいなんだから、もっと見たいわ！」と……。美しい庭園に咲く花たちを眺め、彼女の気持ちに何か変化が起きたのでしょうか。その様子をうれしそうに見ているご家族の気持ちが痛いほど伝わってきました。

庭園の外には石造りの家が建ち並び、美しいアリエ川が村に沿って流れています。春には広い河川敷で花のマーケットが開かれ、川沿いには可愛いブロカント（古道具）ショップも。まだまだ日本では知られていない小さな村ですが、ガーデニング好きな方に特におすすめです。

CARPE DIEM
BROCANTE

モントレゾール
Montrésor

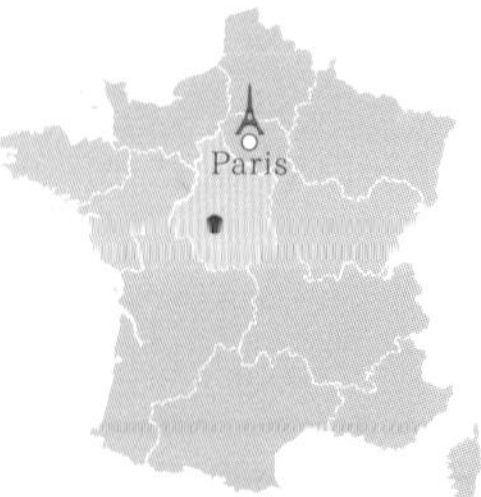

Parisから Montrésorへの行き方

Montparnasse駅からSaint-Pierre-des-Corps駅まで約1時間。地域圏急行TERに乗り換えChenonceaux駅まで約25分。そこからタクシーで約30km。乗換時間などを考慮して合計約3時間10分。

私の小さな宝物

「Montrésor（私の宝物）」。初めてこの村の名を見たとき、なんと夢がある名前なのだろうと感じた私。ロワール川流域にはシュノンソー城、シャンボール城など名だたる古城が多くありますが、私はひっそりとしたモントレゾール城が好きで、今でもときどき訪れます。川沿いに整備された散歩道を歩くため、「庭師の橋」と呼ばれる「Pont du Jardinier」を渡って見晴台までたどり着くと、アンドロワ川に沿って宝物のように輝く村の全景を眺めることができます。柳や睡蓮に囲まれた緑茂るこの場所は私のお気に入り。対岸に小さな屋根がある「Petite

Porte」があり、そこに描かれたトカゲが、この村に小さな伝説があることを教えてくれます。

ある日、若き王が従者と一緒に森の中を駆け抜け、喉が渇いたため川のそばにある岩陰でひと休みすることに。ほどなくして眠りに落ちると若き王女が出てくる不思議な夢を見ます。目が覚めると顔の前を横ぎったトカゲに気づき、一度は殺そうとしますが、エメラルドグリーンの目をしたトカゲが気になり逃がしてやると、岩の小さな隙間に逃げていきました。しかしトカゲが再び戻ってきたとき、なんと金色に輝いていたのです。その後、王は隙間から黄金に輝く宝物を見つけ、そこに城を建て王女様と結婚したという夢のようなお話（諸説あります）。

モントレゾール城は11世紀からの歴史がありますが、１８４９年にナポレオン3世の友人であるポーランド人のグザヴィエ・ブラニキ伯爵が購入し、全面修復。今でもその子孫が住んでらっしゃいます。サントル地方の小さな「宝物」の村。あなたもぜひ訪れてみてください。

イエーヴル・ル・シャテル
Yèvre-le-Châtel

ユゴーが賞賛した
未完の美しい教会

　パリからオルレアンに向かう途中に立ち寄ったイエーヴル・ル・シャテル。細い路地には多くの花が咲き乱れていました。円形の4つの塔を持つ城の中庭には150を超えるハーブが植えられ、そばにはサン・ゴー教会があります。村の自慢は、ヴィクトル・ユゴーが美しさを賞賛したサン・リュバン教会。13世紀に住民たちがオルレアンの司教から教会を建てる許可を取得したのですが、一度工事は中断され、百年戦争後に工事が再開されたのも虚しく、未完のまま現代にその姿を残しています。村の近くにあるリマード渓谷もお見逃しなく！

ParisからYèvre-le-Châtelへの行き方
Austerlitz駅から地域圏急行TERでÉtampes駅まで約35分（※RER C線でも可）。25番線のバスに乗り換えPithiviers-Mail Sudまで約1時間。そこからタクシーで約7km。乗換時間などを考慮して合計約2時間30分。

ロワール支流の
白い洞窟の村

ラヴァルダン
Lavardin

ラヴァルダンの入り口には、ラ・ロワール川の支流であるル・ロワール川が流れ、優雅にニジマスが泳いでいます。橋の上からかつての洗濯場を眺め、村の中に入ると、まず崖の上に建つラヴァルダン城が目に入り、その下にロマネスク初期に建てられたサン・ジュネス教会を見つけることができるでしょう。見どころはなんといっても、保存状態の素晴らしいフレスコ画。「キリストの受難」「最後の審判」などが描かれています。村の中には15世紀ごろの古い家とともに、ロワール地方特有の石灰質の土壌を掘った多くの洞窟式住居が残っています。

ParisからLavardinへの行き方

Montparnasse駅からTGVでVendôme-Villiers-sur-Loir TGV駅まで約45分。タクシーに乗り換え約17.3km。乗換時間などを考慮して合計約1時間20分。

カンド・サン・マルタン
Candes-Saint-Martin

ふとした瞬間、
思い出す秋の情景

雨がしとしと降る中、川岸で談笑する老夫婦の姿はまるで絵画のようで……。かつて重要な水上輸送として使われたロワール川とヴィエンヌ川が交差する美しい眺めとともに、カンド・サン・マルタンの情景が心に蘇ります。石灰質の美しい白壁に沿って植えられたブドウやシュウメイギクを楽しみながら村の中心部に向かうと、トゥールの司教であった聖マルタンに捧げられたサン・マルタン参事会教会の前に出ます。物乞いとなり、半裸で凍えていたイエス・キリストが彼の前に現れると、自分のマントを分け与えた逸話がステンドグラスになっています。

ParisからCandes-Saint-Martinへの行き方

Montparnasse駅からTGVでTours駅まで約1時間15分。地域圏急行TERに乗り換えSaumur駅まで約40分。そこからタクシーで約14km。乗換時間などを考慮して合計約4時間。

ゲランド
Guérande

ParisからGuérandeへの行き方

Montparnasse駅からTGVでSaint-Nazaire駅まで約2時間50分。2番のバスに乗り換えAthanor（Guérande）まで約25分。乗換時間などを考慮して合計約3時間40分。

白い大地の神秘的な朝焼け

「来てよかった……」。思わずため息が漏れるほど、神秘的なゲランド塩田の朝焼け。ボルドーから北へ向かう旅の途中、地図とにらめっこしながら悩んだ揚げ句、「起きられたら見に行こう」と、早めの就寝を試みた私。次の朝、気がつけば今にも昇り始めそうな太陽と追いかけっこしながら、ゲランドから隣町のル・クロワジック間に無数に広がる網目状の道に車を走らせていました。

わずか10分ほど走ったころだったでしょうか。「あの白い塊は、もしかして……」。道路沿いにチラチラ見える塩田は、まるで水田のよう。なんとなく日本の原風景を思い出させます。水面はまだ夜明け前でほの暗く、白い小さな塩の山ばかりが目の端に入ってきました。

ブルターニュ地方の言語であるブルトン語でGwenrann（グウェンラン）。その地名の意味は「白い大地（国）」と聞くけれど、言葉どおり大地には白い花が咲いていました。

塩田をじっくり見るのは後にして、とりあえずル・クロワジックの近くまで行き、空がオレンジ色に輝き始めた瞬間を楽しむことに……。道路脇の民家のそばにまで塩田があることにびっくりしたけれど、どこを走っても「オイエ」と呼ばれる塩の採取が行われる小さな四角い升目が連なる景色に、南のカマルグ塩田の華やかな印象とは別の、どこから寂しい美しさを感じたのでした。

塩の採取は6月半ばから9月半ばまでが基本で、私が訪れたのは9月初旬。まだ明けたばかりの朝日の中、遠くでパリュディエと呼ばれる塩職人たちが塩を収穫している姿を見かけました。そっと道端からのぞき込むと、オイエの周りのあぜ道に、塩湿地に生育するサリコーヌが赤く色づいています。日本ではアッケシソウと呼ばれますが、この地方ではニンニクやパセリと一緒にソテーにしたり、ハーブと一緒に酢漬けにして食べるのだそう。

ゲランドの辺りは天日塩を作ることができる北限ともいわれており、太陽の力で海水の水分を蒸発させて作る塩のうま味はミネラル分たっぷり。わが家ではパスタを湯がくときはゲランドの塩と決めているほど味に深みが生まれます。

美しい塩田に別れを告げゲランドの古い町並みに戻ると、14世紀に建造が始まった外壁が、約1300メートルにわたって町を取り囲み、見る者を圧倒します。サン・トーバン参事会教会の美しいステンドグラスを眺めながら外に出ると、モニュメントの中に先ほど見かけた塩職人の姿も見えました。町中には塩だけでなく、塩を使ったキャラメルやクレープのお店がずらり。

塩の町ゲランド。次回に訪れる際は気球に乗り、空の上からこの美しい塩田を眺めてみたいと思います。

BAR
Chez Lucien

モンソロー
Montsoreau

ParisからMontsoreauへの行き方

Montparnasse駅からTGVでTours駅まで約1時間15分。地域圏急行TERに乗り換えSaumur駅より約40分。そこからタクシーで約12.5km。乗換時間などを考慮して合計約3時間20分。

小説『モンソローの奥方』の舞台

雄大なロワール川流域に広がるシュリー・シュル・ロワールとシャロンヌ間のロワール渓谷は世界遺産に登録されていますが、モンソローはその中に存在します。数多くの美しい村はあれど、県をまたいで隣にあるカンド・サン・マルタンと並んで「フランスの最も美しい村」に登録されている点が、この村の特異性として挙げられるでしょう。訪れたのは9月初旬でしたが、霧雨降るこの季節、秋の花に囲まれ白く輝くモンソロー城は、私の目に美しく神秘的に映りました。モンソローといえば有名なのが、アレクサンドル・デュマの小説『モンソローの奥

方』の舞台になったこと。16世紀後半のフランスを舞台とした3部作です。

名所や史跡がたくさんある村ではありませんが、なんといっても散策の基本となる小径が秀逸。ブュシー・ダンボワーズ通りの細い坂道をのぼっていくと、色づいたブドウやシュウメイギク、秋の草花に囲まれた散歩道があり、その先から眺めるモンソロー城は絶景です。

お昼になりちょっとおなかがすいたところで、オフィス・ド・ツーリズムのマダムにすすめられたレストラン「Restaurant Le Montsorelli」へ。思いのほかおいしい食事におなかも心も満足しました。なにしろここからの眺めは抜群。晴れていたらきっとお城と川のコントラストが美しかっただろうな〜。時間があったら訪れたいのがソー・オー・ルーの丘。15世紀ごろまで人々が暮らしていた洞穴跡には、現在はキノコのミュージアムがあり、村の特産であるキノコが販売されています。

心地よい潮風に
吹かれて

ピリアック・シュル・メール
Piriac-sur-Mer

ゲランド半島の先端にあるピリアック・シュル・メールは、波が作った芸術ともいうべき、9キロメートルにわたる美しい海岸線を持つ歴史的な村です。港には多くの船が並び、海沿いのリゾート地のように見えますが、村の中に入ると景色は一変。細い路地にはアジサイをはじめとする花々があふれ、古い花崗岩の家の一部は300年以上の歴史があります。必見は海沿いならではの可愛い看板やデコレーション。歩き疲れたら、海沿いのカフェやレストランに入ってのんびり。潮風に吹かれながら、大好きなムール・フリット(ムール貝とポテト)をいただきます。

ParisからPiriac-sur-Merへの行き方
Montparnasse駅からTGVでNantes駅まで約2時間30分。地域圏急行TERに乗り換えLa Baule-Escoublac駅まで約1時間。そこから4番のバスでPiriac-sur-Mer(Marché)まで約45分。乗換時間などを考慮して合計約5時間。

ロシュフォール・アン・テール
Rochefort-en-Terre

ParisからRochefort-en-Terreへの行き方

Montparnasse駅からRedon駅まで約2時間15分（直通かRennes駅で乗り換え）。Redon（Parc Anger）のバス乗り場からRochefort-en-Terre（Saint Roche）まで約1時間。乗換時間などを考慮して合計約4時間。

まぶたの奥に残るゼラニウムの赤

「Cité du Géranium（ゼラニウムの町）」という可愛らしい愛称で呼ばれるロシュフォール・アン・テール。村には花があふれ返り、その名に思わず納得する美しさです。古くはローマ軍によって征服されていたブルターニュ地方は、ブルターニュ公国となってからもイギリスとフランスの間に挟まれ、常に戦略的重要地となっていた歴史があります。そのため、フランスでありながらもイギリスの面影を残し、鈍色の雲に覆われた暗い建物が多い。そんなイメージを勝手に持っていました。

ですが、青空に包まれたこの村の美しいこと！　私が訪れた日は晴天で、華やかなゼラニウムの赤が今でもまぶたの奥に焼きついています。

この村がなぜ「ゼラニウムの町」と呼ばれているか。その秘密は20世紀の初め、あるアメリカ人男性がこの村を訪れたところから物語が始まります。彼の名は、アルフレッド・クロッツ。画家である彼は、この美しい村を見てひと目で恋に落ち、丘の上から村を見守るように建つ12世紀の廃城を購入し美しい城へと変貌させました。

しかし、クロッツが届けた贈り物はそれだけではありません。「この村を世界でいちばん美しい村にしよう！」。そう決心し、住民のために1911年に「花のコンクール」を開催、最

Atelier d'Arz
Association
rtistes createurs

Galerie
Créations

も美しく彩ったバルコニーに25フランの賞金を出すアイデアを考えました。しかも、ゼラニウムの愛好家だった彼は、すべての住民が自宅に飾れるよう必要な花を贈ったのだそうです。その話をフランスのテレビ番組「Le village préféré des Français（フランス人が好きな村）2016」で聞いたときは感動しました。

フランスの地方自治体を対象にした「花の町と村コンクール」で４つ花のラベルを持つ村ではありますが、この村にとって「花」は、ずっと昔から当たり前のように暮らしの中に存在し、「ゼラニウム」は文化の一つとして息づいているのです。

雨が比較的多いといわれるこの地域では、雨を流れ落ちやすくする「Coyau（コヨー）」と呼ばれる独特なスタイルで屋根が造られ、外壁にはこの地域でよく採れる結晶片岩や花崗岩が使われています。そんな美しい建物に囲まれ多くの観光客でにぎわう広場「Place du Puits」には、１５４４年創業のヨーロッパで最も歴史ある「カフェ・ブルトン」があり、クイニー・アマンの甘い香りが周囲を包んでいました。

ちなみに、調べてみると意外にもブルターニュ地方の降水量はマルセイユよりほんの少し多いだけ。ブルターニュ半島の西端に位置するブレストのみ特別に雨が多いようです。「もうね、嫌になっちゃうの！　雨が多いのはこの辺じゃなくてブレストの辺り！　なのに、みんなが雨、雨、って言うのよ」。その日お世話になったシャンブル・ドットのマダムが、なみなみとグラスについだシードルを片手に、ため息をついていました。

ENTREE
ACCES JARDIN

Pain d'épices

ディナン
Dinan

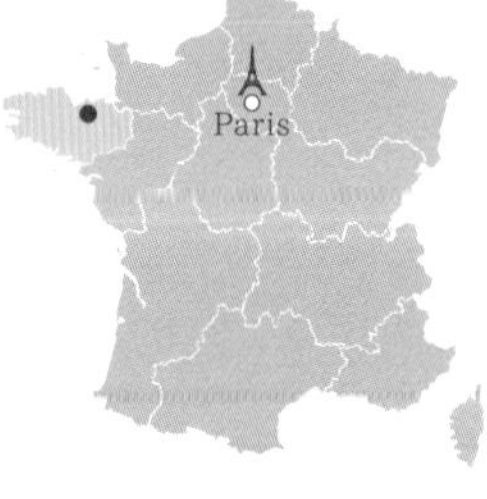

ParisからDinanへの行き方

Montparnasse駅からTGVでRennes駅まで約1時間30分。地域圏急行TERに乗り換えDol de Bretagne駅まで約40分。そこからAutocar（SNCF）に乗り換え約40分。乗換時間などを考慮して合計約4時間。

中世の貿易で栄えた城塞都市

レンヌから約50キロメートル北西へ車で走ると、まるで時代を超えたかのように錯覚する古い中世の町に出会います。13世紀から16世紀に造られた、3キロメートルほど続く城壁に囲まれたディナンは、フランスというよりブルターニュ公国と呼ぶにふさわしい独特な魅力にあふれています。町中を流れるランス川はイギリス海峡まで流れ、河口付近にあるサン・マロをはじめとするいくつかの町のおかげで、中世に貿易で大きく発展しました。15世紀に大成功を収めた商人たちの家は、今でも当時の繁栄を物語るかのように残っており、その多くはこの町のメインストリートでもあるジュルジュアル通りで見ることができます。

旧市街を歩くと、「maison à porche（メゾン・ア・ポルシュ）」と呼ばれる、2階が上に張り出した軒下のような玄関を持つ家が並びます。ここを歩くと、なんとも不思議な世界に迷い込んだ気分になり、慌てて空を見上げると、切妻屋根とともに青空に映える美しい窓ガラスが……。もともとは雨の日にも軒下で商売ができるように造られましたが、18世紀に幾たびも起こった火災により、木骨造の家の建築自体を禁止された時期があるのだとか。

ディナンにはこうしたコロンバージュ（木骨造）の家が少なくとも115軒あるそうなので、町を散歩がてら眺めてみるのも楽しいでしょう。14世紀に建立されたディナン城、158段の階段を持つ時計台の上からの眺めも壮観！　普段見かける可愛らしいコロンバージュの印象とは不思議と異なり、武骨で素朴なブルターニュの雰囲気を感じられる素晴らしい町です。

Colas

CRÊPERIE
Ahna

ケルト文化の香る
聖なる大地

ロクロナン
Locronan

　15世紀以降、亜麻の栽培が盛んになり、辺りは優しいブルーの花で彩られていたロクロナン。亜麻はこの地を潤し、麻の帆布は王族の船に使われていたほどでした。村の名は、ドルイド教が信仰されていたこの地に、キリスト教を布教したサン・ロナン司教の名前から。私が訪れた日は、サン・ロナン教会の前で蚤の市が行われていて、おいしいクイニー・アマンを食べながら、たわわに咲いたアジサイを楽しみました。伝統的な宗教行事である「パルドン祭」やケルト文化で重要なブナの木の植樹など、いまだケルト文化の香りが色濃く残ります。

ParisからLocronanへの行き方

Montparnasse駅からTGVでQuimper駅まで約3時間40分。37番のバスに乗り換えMission(Locronan)まで約25分。乗換時間などを考慮して合計約5時間10分。

千年の歴史を持つ
ブルターニュの玄関口

ヴィトレ
Vitré

　レンヌから車で約40分。ブルターニュの玄関口といわれるヴィトレは、13世紀には要塞化されていたため、戦略的にも文化的にも重要な都市として発展しました。昔のまま保存、修復されている木組みの家々は圧巻。町の喧騒を離れヴィトレ城に向かう途中、今にも傾きそうな建物の間をぬって歩くのがおすすめです。2018年12月15日より、夜には美しくライトアップがされさらに華やかに。近くには、書簡作家として17世紀の時代背景を鮮やかにつづった『セヴィニェ夫人の手紙』で有名な侯爵夫人が住んでいたお城もあります。

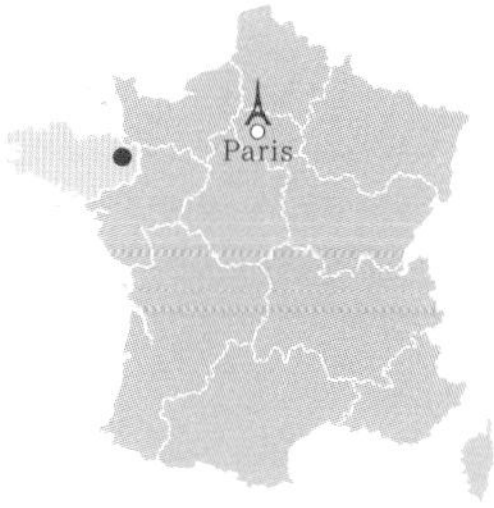

ParisからVitréへの行き方
Montparnasse駅からTGVでRennes駅まで約1時間30分。地域圏急行TERに乗り換えVitré駅まで約35分。乗換時間などを考慮して合計約2時間30分。

ヴール・レ・ローズ
Veules-les-Roses

ParisからVeules-les-Rosesへの行き方

Saint-Lazare駅から地域圏急行TERでRouen-Rive-Droite駅まで約1時間35分。列車を乗り換えDieppe駅まで約50分。そこから61番のバスに乗り約55分。乗換時間などを考慮して合計約5時間。

バラが咲く清流の村

「あの植物はいったい何だろう?」。そう思って川をのぞき込む私に、「何が見えるの?」とでも言いいたげに、鴨までこちらをのぞき込んできました。フランスで最も短い川(1149メートル)として有名なヴール川。清流には野生のニジマスが泳いでいる姿が見え、川辺にぎっしり生えている植物は、14世紀から栽培されているこの村の特産であるクレソン。川に沿って作られた「フランスで最も小さな川岸の散歩道」は季節ごとの花に囲まれ、周囲の景色を眺めながらの散歩は、この村の魅力を堪能する楽しみの一つです。

ノルマンディーにある多くの町や村の名前は、イギリスの町の名前と同じだったりすることがたびたびありますが、「川」に由来するものも多く、この村の名前である「Veules-les-Roses」の「Veules」は、古代英語である「wella」、すなわち近代の「well(井戸)」に由来しています。それだけ美しい川が流れているということがこの村の特徴ですが、村の名前に「バラ」がつくため、「バラが咲く清流の村」としてなんともロマンチックなイメージに……。毎年6月には「La Rose en Fête(バラ祭)」も開かれています。

パリから車で2時間半ほどで遊びに来られる海岸は、19世紀には文豪ヴィクトル・ユゴーなどの著名人が集まるビーチとして有名になりました。怪盗ルパン・シリーズ『奇岩城』の舞台

ECURIE & REMISE
SALON DE THE - BRUNCH
Salon de Thé
Terrasse au bord de l'eau

Place de l'EGLISE
Les Rosiers

として有名なエトルタもここから車で約1時間。石灰質の崖が続く白い沿岸はノルマンディーならでは。ここから眺める夕日は絶景です。良質なヴール産の牡蠣も有名なので、ぜひ味わって！　第二次世界大戦の際には、ノルマンディー上陸作戦によって沿岸地帯は目も当てられない惨状となりましたが、ヴール・レ・ローズは奇跡的に被害をあまり受けず、この地方独特のコロンバージュ（木骨造）、かやぶき屋根の民家が今でも残っていて、格好の撮影スポットとなっています。それにしても、ここまで川と村が一体になっている場所も珍しく、朝霧が出る季節もまたおすすめです。

初めてこの村を訪れた際は、あまり村のことを知らずに散策していましたが、予想以上に立派な邸宅が多く、どの庭にも多くのバラが植えられていました。アーチが幾重にも重なっているバラの家はとにかく圧巻。ただ、私はこのときに初めて目にした自動芝刈り機にくぎづけ。その後、フランスの多くの庭で目にすることになりますが、大きな庭を管理する大変さをあらためて知りました。

12世紀に建立、16世紀に改修されたサン・マルタン教会は、かまぼこ形の美しい天井を持つ教会。まるで学校のような雰囲気で、前面にテーブルがあり、椅子のところにはネームプレートがはまっていました。教会の周りには小さなビストロがいくつかありますが、少し歩いておしゃれなサロン・ド・テへ。美しい布が吊り下げられているプチホテルも印象的。まだまだ知られていない小さな村ヴール・レ・ローズは、こっそりと再訪したい美しい村でした。

サン・セヌリ・ル・ジェレ
Saint-Céneri-le-Gérei

ParisからSaint-Céneri-le-Géreiへの行き方

Montparnasse駅からTGVでLe Mans駅まで約1時間。地域圏急行TERに乗り換えAlençon駅まで約1時間。そこからタクシーで約15km。乗換時間などを考慮して合計で約3時間10分。

静かな森に残る3つの伝説

「紅葉の美しい村」といえば思い出すサン・セヌリ・ル・ジェレ。ノルマンディー地方の南側、サルト川沿いの静かな森の中にひっそりと佇み、その美しさから19世紀にジャン・バティスト・カミーユ・コローやウジェーヌ・ブーダンといったバルビゾン派の画家たちが愛したことでも知られています。童話の中に出てきそうな愛らしさが魅力のこの村には、3つの伝説が残っています。

その1つが、サン・セヌリ教会を守る蜂。898年にシャルル3世がノルマン人を統治するために兵を送った際、この村の創始者であるイタリアの修道士・聖セヌリを祀った礼拝堂そばで、兵士たちが無礼な行為を働きます。そのことに教会の壁の中にすむ蜂たちが怒って襲いかかった結果、兵士たちはパニックになり、崖の上からサルト川に身を投げたのだそう。勇敢な蜂たちは、今もこの教会を守り続けていると信じられています。2番目の伝説は、村のいちばん奥にある平原にぽつんと建つサン・セヌリ礼拝堂が舞台。礼拝堂の中に飾られた聖セヌリ像の足に、若い女性が上手にピンを刺すことができたなら、素晴らしい伴侶に恵まれるといわれています。

最後の伝説は、目の病を治す泉。サルト川の対岸に、聖セヌリが訪れたときに湧き出したといわれる泉があるのですが、この泉の水は目の病を治す力があるとされています。

神秘的な伝説に彩られたサン・セヌリ・ル・ジェレ。皆さんは、どの伝説を探しに出かけたいですか？

ATELIER DE TOUT...
...ET DE RIEN

花の季節に訪れたい小さな村

ル・ベック・エルワン
Le Bec-Hellouin

ルーアンから車で約1時間。村の中に入ると思わず「可愛い～！」と声を出してしまった小さな村ル・ベック・エルワン。D39沿いに建つカラフルなコロンバージュ（木骨造）が王道のノルマンディーという印象です。私が訪れた時期は花盛り。グリーンのアジサイが美しい散歩道から2つの塔をくぐり抜け、歴史的建造物でもあるノートルダム・デュ・ベック修道院へ。百年戦争や宗教戦争により衰退し、一時期荒廃しましたが、1948年から修復を重ね、現在は修道士たちが作るファイアンス焼きが特産品となっています。花の季節に訪れたい村です。

ParisからLe Bec-Hellouinへの行き方
Saint-Lazare駅から地域圏急行TERでÉvreux-Normandie駅まで約1時間10分。380番のバスに乗り換えLe Bec-Hellouin（Centre）まで約1時間（本数が少ないので注意）。乗換時間などを考慮して合計約2時間30分。

作曲家ラヴェルの音色に誘われて

リヨンス・ラ・フォレ
Lyons-la-Forêt

　パリから車で約1時間30分、春になると愛らしいイングリッシュ・ブルーベルの絨毯が広がるノルマンディー最大のブナ林に囲まれたリヨンス・ラ・フォレ。レ・アール広場を中心に、17世紀から18世紀のコロンバージュ（木骨造）が建ち並ぶ小さな村です。広場の周辺には可愛いオープンカフェやレストラン、アンティークショップがあり、青空の下のんびりと過ごすのがおすすめです。映画『ボヴァリー夫人』のロケ地でもあり、モーリス・ラヴェルが『クープランの墓』や『展覧会の絵』を作曲した家も見どころです。

ParisからLyons-la-Forêtへの行き方

Saint-Lazare駅から地域圏急行TERでRouen-Rive-Droite駅まで約1時間35分。500番のバスに乗り換え約55分（1日1本のみ※日曜はなし）。乗換時間などを考慮して合計約3時間15分。

モレ・シュル・ロワン
Moret-sur-Loing

ParisからMoret-sur-Loingへの行き方

PARIS Gare de Lyon駅から地域圏急行TERもしくはTransilien・R線でMoret-Veneux-les-Sablons駅まで約50分。そこから徒歩にて中心部まで約20分。

シスレーの魔法の絵の具

　フランスを旅していると、画家たちは「魔法の絵の具」を心に忍ばせ絵を生み出していると感じることがあります。そんな夢物語を思い描いたのは、パリ滞在中に、ショートトリップの地として人気のフォンテーヌブローから約13キロメートルの距離にあるモレ・シュル・ロワンを訪れたからにほかなりません。雨の降り続く中、車を走らせていると、道の周りに多くの車が停まっていました。この辺りは狩猟も盛んなのでハンターかと思いきや、みんな大きな籠を抱えキノコ採り。同じイル・ド・フランスでも、パリからほんの少し離れるだけで驚くほど田舎景色になったことを肌で感じます。

　村にたどり着くと、まず目に入ったのがサモワ門……ではなく、サモワ門に飾られたシスレーの絵。そう、ここは生きている間に世間から評価されることがなかった唯一の印象派画家といわれるアルフレッド・シスレーによって魔法がかけられた村なのです。フランスには多くの芸術家たちによって愛された村がありますが、ここまで相思相愛であることも珍しく、村の至るところに彼の面影を見ることができます。

　裕福な家に生まれ、商業を勉強するためにロンドンへ渡るも絵画に魅せられ、パリに戻りエコール・デ・ボザールに入学することに。しかし、父親の事業が倒産してパリから離れざるを得なくなり、終の棲家となったのが、代表作の一つ『モレの教会』のモデルとなったモレ・シュル・ロワンにあるノートルダム教会そばの家です。散歩中に雨が上がり、ゆっくりとこの教会を眺めていると少しかすみがかかっていて、光と色彩に満ちたシスレーの幻想的な色合いを思い起こしました。

サモワ門から真っすぐ伸びた道の先にあるのがブルゴーニュ門。ロワン川を渡る重要な生活道路のため、車の往来が多いことにびっくりしましたが、門を出ると待ちに待ったロワン川と岸辺の景色が出迎えてくれました。シスレーが何度も描いた「モレの橋」からは、鴨や白鳥に餌をやっている人々の姿が見えます。それはまるで彼が描いた光景のようで、絵画の世界がいまだここにあることを実感しました。雨上がりの緑煙る木立の中で深呼吸。川沿いを歩くと運河に突き当たります。この運河はやがてシスレーが描いたサン・マメスの町に出て、パリに続くセーヌ川へと合流するのです。

ロワン川のほとりの美しい村モレ・シュル・ロワン。親友ピエール・オーギュスト・ルノワールが描いたシスレーと妻ウジェニーの肖像画を眺めてみると、妻を見つめる彼の柔らかな表情が印象的です。極貧の中で生涯夫を支え続けたウジェニーが癌で亡くなると、その後を追うように彼もこの村で息を引き取りました。

魔法の絵の具で描き続けられたこの村は、シスレーの名のもとにこれからも輝き続けることでしょう。彼の優しいまなざしとともに……。

PRESSE
Agence Notre-Dame
RESTAURANT

Les Amis d'ALFRED SISLEY

Alfred SISLEY
PARIS 1839 - MORET 1899
Eugènie LESCOUEZEC
TOUL 1835 - MORET 1898
son Epouse
"Il faut que les objets
soient enveloppés de lumière,
omme ils le sont dans la nature
A.S.

オーヴェル・シュル・オワーズ
Auvers-sur-Oise

ParisからAuvers-sur-Oiseへの行き方

PARIS Nord駅からTransilien・H線でPontoise駅まで約40分。そこから同じH線に乗り換えAuvers-sur-Oise駅まで約13分。乗換時間などを考慮して合計約1時間30分。

ゴッホの描いた心の色を求めて

セーヌ川の支流、オワーズ川沿いにあるフィンセント・ファン・ゴッホの息遣い残るオーヴェル・シュル・オワーズ。季節は雨降る晩秋。ぬかるむ道に足を取られながら彼の足跡をたどった旅は、いまだ心に強く残ります。唯一の理解者であった弟テオと並ぶ墓地に向かって歩くと、彼の絶筆といわれる『カラスのいる麦畑』の風景が目の前に現れ、飛び出してきた美しいキジと落ち葉の色の対比にしばし足が止まりました。オーヴェル教会、ゴッホが最後の時を過ごしたラブー亭を見たのち、村役場前に佇むと、枯れたひまわりが寂しげに雨に打たれていました。

ジェルブロワ
Gerberoy

Paris から Gerberoy への行き方

PARIS Nord駅から地域圏急行TERでBeauvais駅まで約1時間10分。さらに電車を乗り換えMarseille-en-Beauvaisisまで約25分。そこからタクシーで約11km。乗換時間などを考慮して合計約2時間30分。

2本のバラから始まる物語

パリから車で約1時間30分。春になり花が一斉に咲き始めると、多くの花好きでにぎわうバラの村ジェルブロワ。「フランスの最も美しい村」の中でも上位の人気を誇るこの村は、もちろん日本の方にも大人気です。1928年から始まったバラ祭りには、この村に住む人口の100倍にあたる1万人が世界各地から集まってくるほど。

それほどまでに多くの人たちを惹きつけるバラの村の物語は、新印象派の画家アンリ・ル・シダネルによって生み出されたことがよく知られています。

孫娘であるドミニクさんの話によると、彼は、「あなたの家の扉の前に、2本のバラを植えていただけませんか?」と言って、村中すべての家を訪ね歩いたのだそうです。「バラで囲まれる美しい村」のイメージから、つい華やかでロマンチックな面ばかりを思い浮かべてしまいがちですが、実際に村の人々の意識を変えるには、地道な努力が必要だったことでしょう。

そんな彼の庭は、イタリアのボッロメオ諸島を旅したときにインスピレーションを受けたもので、3つのテーマで構成されています。イタリア式庭園のイメージで作られた入り口を進み、彼自身が植えたといわれる真っ白な藤のトンネルをくぐると、一面を白い花だけでシンプルに作り上げた「白い庭」があります。私が訪れたときはちょうどバラの季節。風とともに真っ白

※これまでバラ祭りは6月第3日曜日と決まっていましたが、2017年以降は前倒しされる傾向にあるので、訪れる際には注意が必要です。

なバラの花びらがハラハラ散る様を眺めることができました。

階段をのぼると、シダネルの絵にたびたび登場する印象的な「バラの庭」があります。村の気候や病気に対する抵抗性を考え、「ドロシーパーキンス」「エクセルシー」の2品種のバラのほか、香りのよい「ガリカ」などを選んで植えたシダネル。バラに対してこだわりがあったことがうかがえます。いちばん上のテラス「愛のガゼボと青と黄の庭」には、ベルサイユ宮殿のプチ・トリアノンにある「愛の神殿」を模したガゼボ（あずまや）があり、美しい紫のバラが咲き乱れる中で雑誌撮影が行われていました。

ジェルブロワを訪れたらもう一つ、忘れてはいけない庭園があります。それは、巨大なイチイとツゲによって作られたトピアリーアートの庭「LE JARDIN DES IFS（イチイの庭）」。対称的に配置されたイチイを帽子の形や幾何学模様に刈り込んだ緑の庭です。大人が10人入ることができるイチイのドームは必見。菜園もあり、併設されているレストランで採りたての野菜を味わうことができます。眺めのいい庭でランチやカフェを楽しみたくなりますが、村で唯一、一般公開されている18世紀の歴史的な邸宅の中でゆっくりと食事をするのもおすすめです。

食事が終わった後、マダムが笑顔で持ってきてくださったのがチャリティーローズ「絆」。２０１１年3月11日、未曽有の大災害に遭った日本に捧げられたフランスと日本を結ぶ善意のバラである「KIZUNA」の物語に思いを馳せながら、もう一度、美しいバラの中を散歩してみることにしましょう。

知っておきたい！小さな村を旅するヒント

最近、多くの旅番組や雑誌、インターネットにて紹介されることが多くなり、人気が出てきた「フランスの小さな村巡り」。旅行会社によって催行されるツアーも年々増える一方で、個人のお客さまによる一人旅も増えてきたと感じています。

そこで、1年間に150村以上の小さな村を訪れている木蓮が、旅をする際に気をつけていること、知っていると便利な旅のアドバイスをお届けしたいと思います。私のブログやお問い合わせに届くメッセージの中から特に多い項目を中心にまとめてみましたので、参考にしていただけると幸いです。少しでも皆さんの旅に役立ち、楽しい旅となりますように！

Q1 フランスの小さな村を旅するにはいつごろがおすすめですか？

この質問がいちばん多く、お答えするのは非常に難しいのですが、行きたい場所や見たい景色によって大きく変わります。わかりやすい例として、ラベンダーが咲いている景色が見たいのであれば、花が咲いている時期に行かなくてはいけません。写真だけ見ていると、いつでも見られるイメージがありますが、プロヴァンスのラベンダー畑の見ごろは6月末ごろから7月中旬まで（ただし、その年の天候によって左右されます）。ラベンダー祭りの後に行くと、すでに刈り取られてしまっていることが多いのでご注意ください。また、夏のヴァカンス時期にコート・ダジュール地方の海沿いの村や町を車やバスで訪れると、大渋滞にはまり身動きがとれなくなってしまうことがあります。

一般的なおすすめ時期は、村に活気が出始める復活祭前後から夏のヴァカンスが始まるころまで。秋の紅葉シーズンもいいですが、10月半ばごろになると村の中にあるレストランや店が閉まり始めるため注意が必要です。食事ができなかったり、ホテルが取れなくなってしまうこともあるので、きちんと調べてから訪れましょう。

Q2 Vacances scolaires（学校休暇）

フランスの子どもたちのヴァカンスは、国内で3つのゾーン（A、B、C）に振り分けられています。このゾーンによって、ヴァカンス期間の始まりが1週間ずつずれます（クリスマスと夏休みは同時期）。ヴァカンス期間中には、交通機関の料金やホテル代が値上がりします。また、バスなどの時刻表にも影響が出ますのでご注意ください。

＊詳しくは左記のウェブサイトをご覧ください。
https://vacances-scolaires.education/

Q3 小さな村へのアクセス方法

＊タクシー

リヨンやニースといった大きな駅とは違い、小さな町や村の駅前にタクシーはいないと思いましょう。よく見かけるのは、駅前にタクシー乗り場があり、そこに電話番号が書かれているパターンです。乗り場で待っていてもタクシーが来ないことが多いので、電話をかけて駅まで迎えに来てもらうのがベストです。この場合、少なくとも英語かフランス語で電話をすることになるため、ハードルが高い方もいらっしゃるでしょう。そのため、事前予約をおすすめします。

各村のオフィス・ド・ツーリズムのウェブサイトで紹介しているタクシー会社のウェブサイトやアプリから予約できることも多くなったので、うまく活用しましょう。インターネットでカード決済ができる会社を選べば、当日現金を用意しなくてもいいので非常に便利です。このほか、ホテルで予約をお願いすることもできます。

感じのいいドライバーさんには、「Veuillez me donner une carte de visite s'il vous plaît ?（ヴイエ　ム　ドネ　ユヌ　カルト　ドゥ　ヴィジットゥ　シル　ヴ　プレ?）＝名刺をください」と言ってみましょう。なお、フランスのタクシー料金は日曜、祝日は割高になるのでご注意ください。

＊地方バス

バスの時刻表の見方にはコツがあり、慣れるまで難しい場合があります。「PÉRIODES SCOLAIRES」（学校がある時期）と「VACANCES SCOLAIRES」（ヴァカンス時期）で運行状況が変わるため、注意してください。曜日によって時刻表が変わることもあるので、しっかり確認することが大切です。

「フランスのバスはよく遅れる」と書かれているウェブサイトを見かけますが、乗客がいないため、どんどんバス停を飛ばし、逆に早く通り過ぎてしまったケースを何度も見かけました。そのため、私はバスに乗る場合、30分のゆとりをもってバス停に到着するよう心がけています。

＊長距離バス

たび重なるSNCF（国鉄）のストライキによって、存在感を増している長距離バス。値段も安く長距離移動できるため、時間のある若者や旅行者に人気があります。実際にストライキがあった場合、私自身、何度もこのバスに助けられました。

初めて利用する際はドキドキするかもしれませんが、インターネットで簡単にチケットが買え、スマートフォンのアプリで管理できるため、フランス語ができない方にもおすすめです。

＊主なバス会社＝FlixBus、OUIBUS、BlaBlaBus など。

Q4 荷物について

日本から長期の旅行でフランスを訪れる際、いちばん気をつけてほしいのが荷物の量です。出発する時点で、大きなトランクに荷物をパンパンに詰めている方もいらっしゃいますが、帰りは必ず荷物が増えます。できれば小さなトランク1つに、サブバッグを持って旅するのが理想です。

特に村の中心に宿を取っている場合、城壁があって車が入れないことも珍しくありません。石畳の坂を大きな荷物を持って歩くのを想像したら、大変なことがわかりますよね。また、電車で町や村を訪れる際、駅から2キロメートルくらい歩かなきゃいけなかった……なんてことも。荷物は最小限に考えて旅をするのがベストです。

Q5 小さな村のホテルやレストランが知りたい

「フランスの最も美しい村」に登録されている村なら、素晴らしいホテルやシャンブル・ドット、おいしいレストランがある場合もありますが、30分もかからず1周できてしまう小さな村もあり、何もお店がない！　なんてことも。そのため、小さな村に宿泊するのであれば、必ず予約したホテルがある村にレストランがあるか調べてください。ホテルに問い合わせしておくのもいいでしょう。

特に冬の時期に小さな村に泊まることはリスクが高く、あまりおすすめしません（地域によってばらつきはあります）。もちろん、そのホテルにレストランがあったり、ターブル・ドットといって料理を出してくれる宿泊施設であれば、全く問題ありません。とはいえ、日本のようにいつでも開いているコンビニエンスストアも存在せず、夜遅くに到着、あるいは日曜日だった場合、食べるものが全くないという事態に陥ります。現地情報をよく調べ、前もってレストランの予約をすることを強くおすすめします。

Q6 おすすめの旅ルートはどこですか？

一時期、私のメールマガジンにて「旅のルートをつくる」というシリーズを書いていましたが、旅のルートづくりは皆さんと同じで、私にとっていちばん楽しい時間です。個人的に好きなのが、まだあまり知られていない場所が多いフランスの中央部から南の地域。ドルドーニュ県、ロット県、アヴェロン県は見どころも多くおすすめです。車がないと移動しにくい場所が多いので、ご自分で運転されない方は個人アテンドを頼まざるを得なくハードルが高い地域ではありますが、チャレンジしても後悔しない場所だと太鼓判を押します。

もしも、友人たちと一緒に可愛い村を電車やバスのみで行ってみたいのであれば、交通の便がいいアルザスがおすすめ。特にパリから2、3泊で旅をしたいのであれば、ガラッと雰囲気が変わり「フランスの小さな村」を旅している気分に浸れることでしょう。

エピローグ

「フランス　小さな村を旅してみよう！」というブログを書き始め早８年。日本の皆さんに、いつか私が旅してきたフランスの小さな村や町を紹介する本が書いてみたいという夢が、ついに実現しました。本書をまとめるにあたってまず取りかかったのが、掲載する村を選ぶことです。地図を見ながら「この村がいいかな？」と頭をひねり、最小限の名前を挙げたつもりなのに、その数約２００村。ここから55村に絞るという、私にとっては苦行のような毎日が課せられることとなりました。

書こうと思えば、いくらでも出てくる村の名前。日本の皆さんに全く知られていない村ばかり書いても、「ここはどこ？」と興味を持っていただけないのも困りますし、かといって有名な村や町ばかり書いても面白くない……。ブログでは訪れた村を好き勝手に書いていたので、一冊の本にする苦労をたっぷりと味わわせていただきました。

もう一つ大変だったのが、フランスの村名を日本語にすること。Paris＝パリに代表されるように、フランス語は基本的に単語の末尾を発音しない傾向にあります。しかし、実際に村に足を運ぶと、発音されることも多々あり、フランス語の難しさをあらためて感じることとなりました。今回、最後まで日本語表記を悩んだLyons-la-Forêt（リヨンス・ラ・フォレ／本文１６９ページ参照）は、村長さんにまでメールを出し、正しい発音を教えていただいたのですが、村に対する深い思いを聞くことができ、私にとって大変勉強になりました。

初の著書『フランスの花の村を訪ねる』から3年。刊行後に訪れた村はすでに300村を超え、ますます知らない村への好奇心は募るばかり。村で知り合った方々との交流も深まり、今では大切な友人としてお付き合いしている方も……。さまざまなつながりからご紹介いただいた職人さんや、ガーデナーさんのお話に感銘を受け、今回のコラムを書くに至りました。

特に大切な友人となったピエレッタと訪れたアルザスの美しい庭々は、写真を見返すだけで花々の香りを思い出すほど素晴らしく、私の中で大きくフランスの庭のイメージを変えてくれた経験となりました。

前回の本を書いてから、本当に多くの方々からメッセージをいただきました。

次の本を心待ちにしてくださった方、ブログやメールマガジンにいつも温かいコメントやヒントを寄せてくれ、応援をしてくれた皆さまに、心を込めて書いた一冊をようやくお届けできることがうれしくて仕方ありません。最後になりますが、皆さまからの期待にお応えし、オールカラーの本をお届けできるようご配慮いただいた「かもめの本棚」編集部の村尾由紀さん、前著から引き続きイラストを描いてくれたあべまりえさん、素晴らしいカリグラフィーでフランス語の書名を描いてくれたユカさん。そして、いつも私の無謀な挑戦を応援してくれる家族や友人たちに、心から感謝の言葉とビズを送ります。

木蓮（PLANCHE Miyuki）

【写真&文】
木蓮（もくれん）

神戸出身。フランスの「おへそ」にあたるオーヴェルニュの人口200人に満たない小さな村に在住する日本人女性。フランス人の夫との結婚を機に渡仏。さまざまな地域に接しているオーヴェルニュの地の利を生かし、名もなき小さな村を訪ねる旅にどっぷりはまる。フランスの小さな村の美しさに魅了され、「パリだけではないフランスの美しさを伝えたい」と、訪ねた村々をブログで紹介。みずみずしい写真と住んでいる人間ならではの視点で人気を呼んでいる。著書に『フランスの花の村を訪ねる』（東海教育研究所）。

公式ブログ「フランス　小さな村を旅してみよう！」
https://ameblo.jp/petit-village-france/
ウェブサイト「フランス　小さな村を旅してみよう!!」
http://petit-village-de-france.com/

※この本は、WEBマガジン「かもめの本棚」に連載した「フランスの小さな村を旅する」を加筆してまとめたものです。
※本書に掲載しているアクセス情報などは取材時のものです。さまざまな状況により変更となる可能性があります。

フランスの小さな村を旅してみよう

2020年 9 月20日　第1刷発行
2022年 6 月11日　第3刷発行

著　者　木蓮

発行者　原田邦彦

発行所　東海教育研究所
〒160-0023 東京都新宿区西新宿7-4-3 升本ビル
電話 03-3227-3700 ファクス 03-3227-3701
eigyo@tokaiedu.co.jp

印刷・製本　株式会社シナノパブリッシングプレス

装丁・本文デザイン　稲葉奏子

編集協力　齋藤 晋

ISBN978-4-924523-10-4 C0026

かもめの本棚

── 今日より
“ちょっと”すてきな私に ──

WEB連載から
生まれた本

「かもめの本棚」は、明日の“私”を考える人の本棚です。

フランスの村シリーズ

フランス
観光開発機構
推薦本

四季の花々が
咲き乱れる村へ

フランスの花の村を訪ねる

木蓮 著　定価（本体1,850円＋税）

年間150カ所以上もの村や町を旅して、その風景を写真におさめているフランス在住の人気ブロガー・木蓮さん初の著書。「美しい花の町と村」に認定された村を中心に、四季折々の花で彩られた30の村を厳選。詩情あふれる写真に誰もが魅せられる！

四六判・256頁（カラー128頁）　ISBN 978-4-486-03907-5

旅情を誘う
12地方30の
村巡り

フランスの一度は訪れたい村

坂井彰代 著　定価（本体1,900円＋税）

「絶景」「教会」「芸術」「食」「ワイン」…… 五感を刺激する魅力の数々。キャリア30年以上のトラベルライターが、旅の記憶に残る珠玉の30村を多彩なカラー写真とともに紹介。

四六判・256頁（カラー127頁）　ISBN 978-4-924523-08-1

宝石のような
きらめきを放つ
35の村

増補版 フランスの美しい村を歩く

寺田直子 著　定価（本体2,000円＋税）

“旅のプロ”が案内するフランスの通な旅の入門書。パリからアクセスがよい風光明媚な5つの村を追加してさらに充実。土地のグルメや一期一会の絶景などを感性豊かな文章でつづる。

四六判・280頁（カラー102頁）　ISBN 978-4-924523-07-4

WEBマガジン
好評配信中！

公式サイト　かもめの本棚　検索

公式